中公新書 1936

堂目卓生著

アダム・スミス

『道徳感情論』と『国富論』の世界

中央公論新社刊

はじめに

アダム・スミス（一七二三―九〇）は生涯において二つの書物を著した。『道徳感情論』（一七五九）と『国富論』（一七七六）である。二つの著作のうち、『道徳感情論』は倫理学、『国富論』は経済学に属する本だといわれている。一般に、なじみ深いのは『国富論』であろう。また、『国富論』の中で最も有名な言葉は何かとたずねれば、多くの人が「見えざる手」と答えるにちがいない。

これまで、「見えざる手」は、利己心にもとづいた個人の利益追求行動を社会全体の経済的利益につなげるメカニズム、すなわち市場の価格調整メカニズムとして理解されてきた。そして、『国富論』の主要なメッセージは、政府による市場の規制を撤廃《てっぱい》し、競争を促進することによって、高い成長率を実現し、豊かで強い国を作るべきだということだと考えられてきた。

しかしながら、このような解釈によって作られるスミスのイメージ——自由放任主義者のイメージ——は本物だといえるだろうか。すなわち、はたしてスミスは、個人の利益追求行動が社会全体の利益を無条件にもたらすと考えていたのだろうか。スミスは急進的な規制緩和論者であったのだろうか。市場を競争の場と見なしていたのだろうか。経済成長の目的は一国全体を豊かにすることだと考えていたのだろうか。さらに根本に立ち返ってみれば、そもそも『国富論』は豊かで強い国を作るための手引書として書かれたのだろうか。実は、これらの問題を考察するための鍵《かぎ》が、スミスのもうひとつの著作『道徳感情論』の中に隠されている。

本書は、『道徳感情論』におけるスミスの人間観と社会観を考察し、その考察の上に立って『国富論』を検討することで、これまでとは異なったスミスのイメージを示す。最近のスミス研究では、『道徳感情論』を『国富論』の思想的基礎として重視する解釈が主流になりつつある。しかしながら、二つの著作の全体的な論理関係については、必ずしも十分明らかにされているわけではない。本書において私は、『道徳感情論』と『国富論』において展開されるスミスの議論を、社会の秩序と繁栄に関する、論理一貫したひとつの思想体系として再構築する。

さらに、再構築の過程の中で、私は、人間に対するスミスの理解の深さや洞察《どうさつ》の鋭さ、そして、それらの現代的意義を、読者に感じ取ってもらえるよう努めたいと思う。本書を読み終えた読者が、スミスの思想や人間性に関心をもち、『道徳感情論』や『国富論』を独力で読んでみようと思っていただければ幸いである。

＊

本書の構成は以下のとおりである。序章ではスミスの時代が考察され、それが光と闇が交錯する時代であったことが示される。第一章から第三章は第Ⅰ部「『道徳感情論』の世界」を構成し、社会の秩序と繁栄を導く人間本性に関するスミスの見解が考察される。第Ⅱ部「『国富論』の世界」は五つの章（第四章―第八章）からなる。そこでは、社会の繁栄を促進する一般原理、ヨーロッパ諸国が実際にたどった道と結果、そして秩序と繁栄に向かうためにイギリスが今なすべきことが検討される。重要なのは、第Ⅱ部の検討は第Ⅰ部の考察にもとづいてなされるということである。終章は、再構築されたスミスの思想体系から、現代の私たちはメッセージとして何を受け取ることができるかが論じられる。

『道徳感情論』からの引用については、『道徳感情論』（上・下巻、水田洋訳、岩波文庫、二〇〇三年）を用いた。引用文に付される「部」、「編」、「章」の数字は第六版の様式にしたがった。『国富論』からの引用については、『国富論』（全四巻、杉山忠平訳、水田洋監訳、岩波文庫、二〇〇〇—〇一年）を使用し、『国富論』（上・下巻、山岡洋一訳、日本経済新聞出版社、二〇〇七年）も参考にした。いずれも訳文は大幅に変更した。また、一段落が長い原文については、適当な箇所で改行した。引用文中、引用者による註解には［　］を付した。

アダム・スミス　目次

I　『道徳感情論』の世界

第一章　秩序を導く人間本性……25

第二章　繁栄を導く人間本性……70

Ⅱ 『国富論』の世界

アダム・スミス

『道徳感情論』と『国富論』の世界

序章　光と闇の時代

十八世紀イギリスの世相

一七七五年、アメリカ東部の十三植民地がイギリス本国に対して独立戦争を起こした。十九世紀イギリスの文豪チャールズ・ディケンズ（一八一二―七〇）は、『二都物語』（一八五九）の冒頭で、この時代のイギリスの世相を次のように描いている。

それはおよそ善《よ》き時代でもあれば、およそ悪《あ》しき時代でもあった。知恵の時代であるとともに、愚痴《ぐち》の時代でもあった。信念の時代でもあれば、不信の時代でもあった。光明の時でもあれば、暗黒の時でもあった。希望の春でもあれば、絶望の冬でもあった。前途はすべて洋々たる希望にあふれているようでもあれば、また前途はいっさい暗黒、虚無とも見えた。人々は真一文字に天国を指《さ》しているかのようでもあれば、また一路その逆を歩んでいるかのようにも見えた——要するに、すべてはあまりにも現代に似ていたのだ。[1]

実際、十八世紀のイギリス社会は、光と闇の両面をもっていた。

1　光の側面

政治の民主化

光の側面として、まず挙げられるのは政治の民主化である。一六八八年の名誉革命、および翌年の権利の章典によって議会の権利が確立されて以後、法の廃止、課税、常備軍の募集には議会の同意が必要とされるようになった。議会では王党派のトーリー党と議会派のウィッグ党が形成され、多数派の政党が内閣を組織し、首相を選び、内閣が議会に対して責任を負うという責任内閣制が始まった。また、議会は二院制をとり、上位の聖職者および大貴族からなる上院と、地主貴族および富裕な商工業者からなる下院とに分けられた。十八世紀を通じて下院の発言力は徐々に強まっていった。議会での言論の自由は保障され、国王は「君臨すれども統治せず」という立場に置かれた。

もっとも、選挙権は一定金額以上の収入のある土地所有者にかぎられており、一般大衆に与えられているわけではなかった。また選挙においては、買収が普通に行なわれていた。特に、人口の減少によってほとんど選挙人がいなくなった選挙区（腐敗選挙区）は有力者によって買い取られ、実質的な選挙を経ないで議員が選出された。議会の審議においても、利害関係者による買収が絶えなかった。

このようにイギリスの議会政治は、民主政治の形をとってはいたが、内実は腐敗をともなう貴族政治であった。しかし、それにもかかわらず、フランス、スペイン、オーストリアなど、絶対王政のもとにある国民と比べるならば、イギリス国民は自分たちの利害に関わることを自分たちで決める道を確実に歩みはじめていた。

大西洋貿易システムの確立と経済の発展

イギリスにとって一七七五年までの時代は、大西洋を中心とした帝国（第一帝国）を確立した時代であった。十七世紀にオランダを打ち破ったイギリスにとって、海外進出の新たな敵となったのはフランスであった。しかし、イギリスはフランスとの四度にわたる戦争に勝利して植民地を拡大した。特に、七年戦争（一七五六―六三）での勝利によって、イギリスは、北アメリカとインドからフランス勢力を駆逐《くちく》し、北アメリカ、西インド諸島、西アフリカ、そして東インドにつながる広大な帝国を建設した。

帝国は大西洋貿易システムを形成した。西インド諸島や北アメリカの植民地からは、砂糖、タバコ、綿花、米、染料などが本国の港に運びこまれた。これらの商品の生産は、大農場制（プランテーション制）をとり、大量の労働力を必要としたため、アフリカの先住民が奴隷《どれい》にされ、西インド諸島と北アメリカに運ばれた。本国からは、銃器、酒、毛織物、綿織物、金属製品などが植民地に輸出された。本国は、植民地から供給される商品を、自国で消費・使用するとともに、他のヨーロッパ諸国に輸出することによって利益をあげることができた。ヨーロッパでは生産できないものを植民地に作らせることによって、イギリスの貿易収支を有利にし、貿易の決済手段である金や銀をイギリスに集中させるというのが、大西洋貿易システムに与えられた役割であった。

十八世紀のイギリスの経済発展は輸出関連製造業によって牽引《けんいん》されたといってよい。一七〇〇年から一七七〇年の期間、生産量は全体として一・四倍になった。同じ期間、農業の生産量は約一・二倍、非輸出関連製造業の生産量は一・一倍にしかならなかったのに対し、輸出関連製造業の生産量は二・六倍になった。イギリスは、オランダにかわる貿易立国になりつつあった。[2]

生産技術の革新

後に「産業革命」と呼ばれるようになる生産技術の根本的な革新が始まったのも、この頃である。革新は木綿《もめん》工業から始まった。イギリスの伝統的な繊維工業は毛織物工業であったが、東インドから綿織物が入ってくるようになると、本国でも木綿工業が始まった。西インド諸島や北アメリカから安い綿花が輸入できるようになると木綿工業はさらに発展した。また、木綿工業は新興工業であったため、伝統と規則に縛られた毛織物工業と比べて新技術の導入に対する制度的障害も少なかった。

一七三〇年代、織物部門における機械の改良によって綿織物の生産量が増大すると、やがて綿糸の不足が生じ、紡績部門における生産効率の上昇が求められた。この必要に応《こた》える形で、六四年、ハーグリーヴズが多軸紡績機を発明した。その後、アークライトが水力を使った紡績機を発明し、クロンプトンが二つの紡績機を組み合わせたミュール紡績機を開発した。一方、織物部門では、八五年にカートライトが蒸気機関を使った力織機《りきしょっき》を発明し、生産効率をいっそう高めた。蒸気機関はニューコメンによって発明され、ワットによって改良された。木綿工業の技術は、やがて毛織物工業や麻織物工業にも応用され、繊維工業全体の生産量を著しく増大させることになる。

繊維工業における機械の使用や蒸気機関の普及は、機械を作る重工業の発展を促した。イギリスの各地に石炭を燃料とする銑鉄炉《せんてつろ》が建造されるようになり、その結果、石炭の需要は増大し、炭鉱業が発展した。炭鉱と銑鉄炉のある都市を結ぶ運河も建設されるようになった。一七七五年は、まだ、こうした生産技術上の革新が本格化する端緒でしかなかったが、十九世紀半ばに完成する「世界の工場」は着実に準備されていた。

知識の進歩と普及

イギリスを含むヨーロッパにとって、十八世紀は、いわゆる「啓蒙《けいもう》の世紀」であった。「啓蒙」とは、人間の中にある理性の力を重視し、科学知識の進歩と普及によって人びとを無知な状態から解放することを意味した。自然界を、聖書に書かれているとおりに理解するのではなく、実験と観察を通じて客観的にとらえ、その結果を——場合によっては数学を用いて——合理的に説明することが試みられた。その試みの代表がニュートン（一六四二—一七二七）の物理学であった。

ものごとを宗教的権威に頼ることなく客観的に理解するという方法は、自然界だけでなく人間界にも適用された。ホッブズ（一五八八—一六七九）は十七世紀中頃に、ロック（一六三二—一七〇四）は世紀末に、この方法を用いて人間と社会を分析したが、十八世紀に二人の後を継いだのは、ルソー（一七一二—七八）、ヒューム（一七一一—七六）、ヴォルテール（一六九四―一七七八)、モンテスキュー(一六八九―一七五五)、ディドロ(一七一三―八四)、ダランベール(一七一七―八三)らであった。彼らは、それぞれ独自の人間観と社会観に立ちながら、当時の社会体制の不合理な側面を批判するとともに、ヨーロッパに到来しつつある新しい社会、すなわち商業社会(または文明社会)について、それぞれ独自の見解を示したのであった。

この時期には、出版物の数が激増した。出版物の多くがラテン語ではなく、英語やフランス語、ドイツ語などの世俗言語で書かれ、人びとは出版物を通じて著者の科学的発見や思想に触れることができた。また、ヨーロッパ各地にアカデミーや科学協会が設立され、学術と科学の振興が図られた。大学も神学部を中心とした古い体制から新しい学問分野を取り入れた体制へと改革が進められた。その他、読書クラブやコーヒーハウス、知的サロンなどが知識の進歩と普及に貢献《こうけん》した。知識は、もはや聖職者が独占するものではなくなっていた。[3]

このように、十八世紀半ばのイギリスは、政治の民主化、経済の発展、技術の革新、知識の進歩と普及によって彩られていた。一言でいえば、イギリスの前途は文明の光に満ちあふれているように見えた。

2　闇の側面

格差と貧困

しかしながら、イギリスは闇にも覆われていた。第一の闇の側面は、国内における格差と貧困であった。貿易の拡大や製造業の発展によって、イギリスの経済はたしかに発展していた。しかし、経済発展の成果は、社会の下層階級にまで十分には届いていなかった。十六世紀以後、農村から都市への人口移動が続き、その結果、都市の人口が増大した。都市において、仕事を見つけることができた者は労働者となったが、できなかった者は失業者や浮浪者としてスラム街で暮らさなければならなかった。都市は、経済的変化の波に乗ることができた「勝ち組」と、それに乗ることができなかった「負け組」とに二分された。

ウィリアム・ホガース（一六九七－一七六四）の二枚の銅版画――「ビール街」と「ジン横丁」――は、この様子を象徴的に描いている。[4] 版画の舞台はともに十八世紀中頃のロンドンである。「ビール街」は活気にあふれ、人びとは、それぞれの仕事をもって活動している。建物は修繕《しゅうぜん》され、看板は書き換えられ、人びとは健全な飲み物であるビールを楽しんでいる。唯一《ゆいいつ》さびれているのは右端に描かれている質屋である。

ホガース「ビール街」（上）、「ジン横丁」（下）

一方、「ジン横丁」はスラム街である。中央に描かれている母親は、泥酔《でいすい》のため、赤ん坊が手すりから落ちそうになっていることに気がつかない。彼女の手前の男性は飢餓《きが》状態で死に瀕《ひん》している。建物は崩れたまま放置され、人びとは強いジンを飲んで、狂い、騒ぎ、そして死んでいく。羽振《はぶ》りがよいのは左端の鬘《かつら》をかぶった質屋の主人だけである。このように、「ビール街」は商業社会の光の部分を表しているのに対し、「ジン横丁」は闇の部分を表している。もちろん、二つの作品はホガースによってデフォルメされており、十八世紀中頃のロンドンが、版画のとおりだったとはいえないかもしれない。しかしながら、諷刺《ふうし》画家の題材になるような格差と貧困が、この時代に存在していたことは事実であるといえよう。

実際、スラックの推計によれば、イングランドとウェールズで救貧のために支出されなければならなかった金額は、一六九六年では四〇万ポンドであったものが、一七七六年には一五〇万ポンドにまで増大した。それが国民所得に占める割合で見ても、〇・八パーセントから一・六パーセントへと倍増した。貧困層の規模は、絶対的にも相対的にも増大していたといえる。[5]

財政問題

第二の闇の側面は、財政問題であった。イギリスはフランスとの戦争に勝利したものの、戦費を調達するために多額の国債を発行した。図0-1のグラフは一七三〇年から九〇年のイギリスにおける国債残高の推移を示す。[6] 国債残高は階段状に増加していることがわかる。第一の階段はオーストリア継承戦争（一七四〇-四八）による増加を表す。第二の階段は七年戦争（一七五六-六三）による増加を表し、第一の階段よりも高い階段となっている。アメリカ独立戦争が始まる一七七五年の時点で、イギリスはさらに高い第三の階段を上ろうとしていた。そして、実際にイギリスはその階段を上ることになった。敗北に終わる戦争を八年間も続けたため、八三年の国債残高は戦前の二倍近くに膨《ふく》れあがった。国債は、税と比べて議会や国民の反対に遭《あ》うことが少なく、一度に多額の資金を調達することができるので、政府にとって便利な戦費調達の方法であるように見えた。しかしながら、

図０－１　イギリスの国債残高

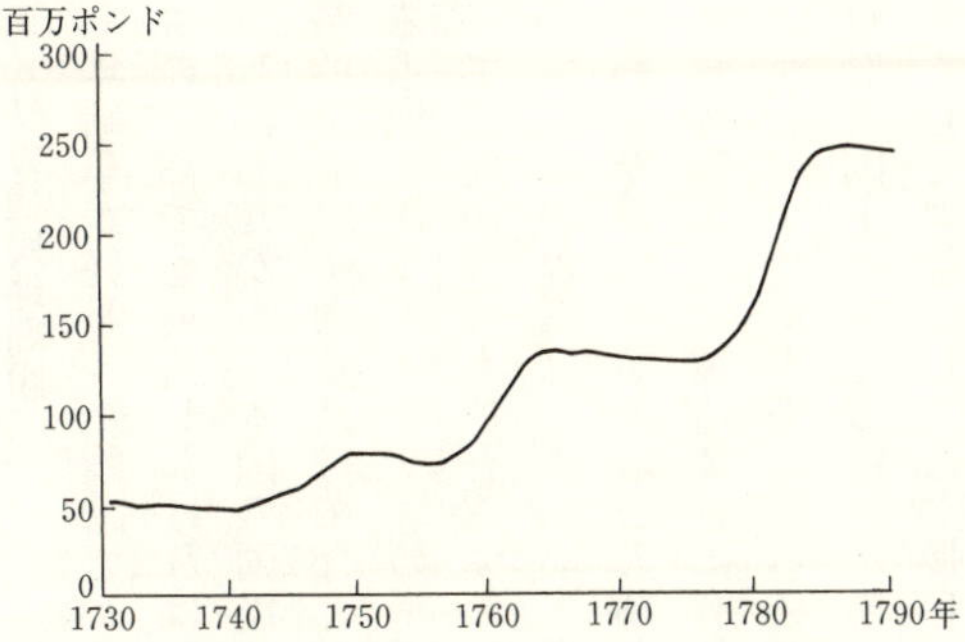

それは一国の資本を国民に気づかれることなく戦争のために消費することを意味した。経済成長の視点から見れば、国債は税と比べて有害であった。財政的に見ても、国債は税の先延ばしでしかなく、将来、償還《しょうかん》のために増税がなされなければならなかった。償還のない永久国債であっても、利払いのための課税が必要であった。

実際、イギリスの税収総額は、一七三〇年には六二〇万ポンドであったが、七五年には一一〇〇万ポンドに、そして九〇年には一七〇〇万ポンドに増大した。[7] イギリスは確実に重税国家になっていた。税の増大は資源の効率的な配分や国民の勤労意欲に悪影響を与え、経済成長を阻害《そがい》する恐れがあった。

アメリカ植民地問題

七年戦争が終わった段階で、イギリス政府は財政問題の深刻さに気づいていた。累積《るいせき》した国債の一部でも返済しなければならなかったが、そのためには思い切った増税が必要であった。しかしながら、本国の国民はすでに重税に苦しんでおり、これ以上負担をかけることは経済的に有害であるだけでなく、政治的にも危険であった。そこで政府は、イギリスが領有する土地に住み、イギリスの常備軍によって守られているにもかかわらず、これまで税金を払ってこなかった人びと、すなわちアメリカ植民地の人びとに課税することにした。政府にとって、この提案は、きわめて理に適《かな》ったものであるように思われた。

しかしながら、植民地の人びとは、この提案に激怒し、抵抗した。植民地の人びとは、本国の特権商人や大製造業者に有利になるような諸規制によって自由な経済活動ができないことに対し、すでに不満を募らせていたのであった。また、議員を選出して、自分たちの不満を政府や国王に訴える権利が与えられていないことも不服であった。植民地の人びとが「代表なくして課税なし」と主張したのも当然であった。結局、イギリスは、財政難を切り抜けようとして、さらに費用のかかる戦争をしなければならなくなった。戦争と財政難の悪循環ができつつあった。

イギリス人の中には、独立戦争を市民革命、あるいは民主化運動として歓迎し、それに熱狂する人びともいた。彼らは、腐敗した本国の政治に見切りをつけて、理想的な共和国をアメリカに夢見る者たちであり、その代表はトマス・ペイン（一七三七―一八〇九）であった。ペインは、『コモンセンス』（一七七六）を出版し、植民地は一切の妥協を捨てて独立をめざすよう主張した。『コモンセンス』は爆発的な売れ行きを見せ、植民地の人びとの十人に一人が、この扇動《せんどう》的な小冊子を読んだといわれる。

イギリス政府にとってみれば、長年多額の資金をつぎ込んで獲得・維持してきたアメリカ植民地を失うことは絶対に阻止《そし》しなければならなかった。アメリカ植民地を失うことは、大西洋貿易システムの要《かなめ》を失うことを意味し、イギリス帝国の崩壊を意味した。国内の貿易業や輸出関連製造業も大きな打撃を受けるであろう。特権商人や大製造業者などの実力者が政府の失策に不満を爆発させれば議会は混乱に陥《おちい》るであろう。軍事力の点では、イギリス本国が植民地を圧倒していたので、暴動の鎮圧は時間の問題であるように思われた。しかし、植民地の人びとに強い不満と革命意識を残す形で武力制圧することは避けねばならなかった。そのような終結の仕方は、植民地を本国にとっての政治的な火薬庫にすることを意味した。植民地の不満と革命意識が本国に飛び火し、燃え広まれば、イギリスの政治体制そのものが崩壊するかもしれなかった。

このように文明の光は、格差と貧困、そして戦争と財政難の闇によって輝きを失っていた。

3　スミスの生涯と課題

スミスの生涯と知的環境

スミスは、一七二三年、スコットランドのカーコーディに生まれた。彼は、グラスゴー大学を卒業後、オックスフォード大学でも学ぶが、中途退学し、スコットランドに戻る。五一年、グラスゴー大学の論理学教授になり、翌年、道徳哲学教授に転任する。六四年、十三年間勤めた大学を辞職し、貴族の家庭教師として三年近くフランスやスイスを旅行する。イギリスに帰国後は執筆活動に専念するが、七八年、スコットランド関税委員（スコットランド全体の関税や諸税の計画と実施に携わる五名からなる委員）に任命される。八七年にはグラスゴー大学の名誉総長に就任するが、九〇年、病気のため六十七歳でこの世を去った。[8]

スミスは、生涯の大部分をスコットランドで過ごした。当時のスコットランドはフランスとともに知的活動の盛んな地域であり、後に「スコットランド啓蒙」と呼ばれるようなまとまりとインパクトをもっていた。スミスが学び、教鞭《きようべん》をとったグラスゴー大学は、エディンバラ大学と並んでスコットランド啓蒙の中心機関であった。スコットランドは、一七〇七年にイギリスに統合され、政治的な独立を失った。スコットランド啓蒙は、政治的独立を失ったスコットランドが自分たちのアイデンティティを学芸と科学の世界で復興し、維持しようとする心情的背景をもっていた。社会を秩序づけ繁栄させる人間の本性は何か、また社会は文明の発展とともにどのように変化していくものなのかという人間と社会に関する根本的な問題——道徳哲学の問題——に力が注がれたのも、スコティッシュ・アイデンティティの復興運動と無関係ではない[9]。

アダム・スミス（1723－90）

スミスは、グラスゴー大学において、スコットランド啓蒙の中心人物の一人であるフランシス・ハチスン（一六九四－一七四六）から道徳哲学の講義を受けた。ハチスンは、フーゴー・グロティウス（一五八三－一六四五）やサミュエル・プーフェンドルフ（一六三二－九四）らの自然法思想の流れをくむ道徳哲学者であった。自然法思想とは、人類の存続と繁栄を促進する普遍的で完全な法（自然法）の存在を認め、それを探究するとともに、自然法にもとづいて現実の人間や社会を批判的に検討する思想である。ハチスンは、社会の秩序は人間の中に共通にある「道徳感覚」という、ひとつの感覚によって導かれると考えた。スミスは、ハチスンの思想から大きな影響を受けながらも、それとは異なった道徳哲学を樹立しようとした。[10]

スミスに大きな影響を与えた、もう一人の人物はデイヴィッド・ヒュームである。スミスとヒュームは、一七五〇年頃からヒュームが他界する七六年まで親交を保った。ヒュームの『人間本性論』(一七三九-四〇)は、経験と観察を基礎として、人間本性の全体像を描こうとする著作であり、まさしく「啓蒙」を象徴する人間の学であった。ただし、ヒュームはロックやルソーなどが唱えた、啓蒙期を代表する社会理論——社会契約説——には同調しなかった。社会契約説は、社会は構成員の契約の上に成り立つという考え方である。ヒュームにとって、そのような考え方は歴史的事実によって否定されるだけでなく、革命思想につながるものであった。なぜなら、社会契約説によれば、主権者が人民を抑圧した場合、人民は主権者が契約に違反したと見なして、統治権を強制的に剝奪《はくだつ》することができるからである。ヒュームは社会の改革は推し進められなければならないが、安易な革命は社会秩序を台無しにしてしまうと考えた。彼は経験と慣習を通じて徐々に築かれた社会制度を重視し、理性の力によって、それを即座に、またいかようにも変えることができるという考え方には懐疑的であった。「啓蒙」の時代にあって、また「啓蒙」を担いながら、ヒュームは「啓蒙」の中に潜《ひそ》む傲慢《ごうまん》さを洞察した。スミスはヒュームから、この洞察を受け継いだ。

スミスはスコットランド啓蒙の渦中にいたものの、彼の知識の源は、スコットランド啓蒙にかぎられてはいなかった。実際、スミスは、フランスやスイスを旅行したとき、ヴォルテール、ダランベール、エルヴェシウス（一七一五－七一）、ケネー（一六九四－一七七四）、テュルゴー（一七二七－八一）といったフランス啓蒙思想の重鎮《じゅうちん》と交流をもった。特に、ケネーやテュルゴーら「エコノミスト」と呼ばれた経済学者との討論は、その頃準備を進めていた『国富論』の独創性と問題点を認識する上で有用であっただろう。また、スミスは、約三千冊の蔵書を残しており、その中には、さまざまな時代、国、そして分野の書物が含まれている。スミスは広い範囲から膨大《ぼうだい》な知識を吸収したのであった。

スミスの課題

吸収された知識の膨大さに比べるならば、スミスが産出した著作は、量としては、それほど多くない。実際、彼自身が出版した書物は『道徳感情論』と『国富論』だけである。これらの他にも、「法と統治の一般原理と歴史」についての書物を出す計画があったが、それは実現しなかった。スミスは、死の数日前、友人に頼んで、手元にあった草稿のほとんどを、出版に値しないものとして焼却《しょうきゃく》させてしまった。「法と統治の一般原理と歴史」についての草稿も残されることはなかった。焼却されずに残された草稿は、友人たちの手によって、スミスの死後、『哲学論文集』(一七九五)として出版された。論文集の中には、天文学の歴史に関する論文の他、芸術論や感覚論などに関する断片的な論考が含まれていた。

スミスが出版した二つの書物のうち、『道徳感情論』は、初版が一七五九年に出版され、九〇年までに五回改訂された。一方、『国富論』の初版は七六年で、これも四回改訂され、生前の最終版は八九年に出版された。したがって、スミスは、生涯をかけて二つの著作を出版し、それらを何度も練り直したといえる。

本章で示したように、十八世紀のイギリスは、政治の民主化、経済の発展、技術の革新、知識の進歩と普及という文明の光を受ける一方、その光は、格差と貧困、戦争と財政難という闇によって遮《さえぎ》られていた。このような二面性は——政治の民主化は別として——イギリスだけでなく、フランスや他のヨーロッパ諸国にも見られる現象であった。

いったいヨーロッパ諸国は、国内において、より秩序だった社会を形成しつつあるのか、それとも秩序を失おうとしているのか。また、ヨーロッパ全体としては、国際秩序を築きつつあるのか、それとも、より激しい戦争状態に向かって突き進んでいるのか。さらに各国の経済は繁栄に向かっているのか、それとも、実は衰退の道をたどっているのか。そもそも、社会の秩序と繁栄を成り立たせる普遍的な原理は何か。また、それらを妨《さまた》げる要因は何か。

これらの問題を人間本性の考察にまで立ち返って検討すること。スミスは二つの著作によって、この課題に立ち向かったのであった。

註

1　ディケンズ『二都物語』（上・下巻、中野好夫訳、新潮文庫、一九九一年）、上巻、九頁。

2　P. Deane and W. A. Cole, *British Economic Growth, 1688–1959* (Cambridge University Press, 1967), p.78 を見よ。

3　啓蒙期のヨーロッパに関するより詳細な解説書として、弓削尚子『啓蒙の世紀と文明観』（山川出版社、二〇〇四年）を見よ。

4　ホガースの銅版画については、森洋子『ホガースの銅版画——英国の世相と諷刺』（岩崎美術社、一九八一年）を見よ。

5　P. Slack, *The English Poor Law, 1531–1782* (Macmillan Education, 1990), p.30 and p.34、および M. Daunton, *Progress and Poverty: an economic and social history of Britain 1700–1850* (Oxford University Press, 1995), p.448 を見よ。

6　グラフは、B. R. Mitchell, *British Historical Statistics* (Cambridge University Press, 1988), pp.600–602 のデータを用いて作成した。

7　前掲書、pp.576–577 を見よ。

8　スミスの生涯に関する文献の中で最も詳細かつ包括的なものは、I・S・ロス『アダム・スミス伝』（篠原久・只腰親和・松原慶子訳、シュプリンガー・フェアラーク東京、二〇〇〇年）である。よりコンパクトな解説書としては、水田洋『アダム・スミス――自由主義とは何か』（講談社学術文庫、一九九七年）、および山崎怜『アダム・スミス』（研究社、二〇〇五年）がある。

9　スコティッシュ・アイデンティティの復興運動に関しては、高橋哲雄『スコットランド――歴史を歩く』（岩波新書、二〇〇四年）を見よ。

10　スコットランド啓蒙の状況に関するより詳細な解説として、田中秀夫『原点探訪――アダム・スミスの足跡』（法律文化社、二〇〇二年）を見よ。

I 『道徳感情論』の世界

第一章　秩序を導く人間本性

1　『道徳感情論』の目的

道徳の基礎としての感情

『道徳感情論』は、スミスがグラスゴー大学で道徳哲学の講義を行なっていた時期に書かれた書物である。

『道徳感情論』の主な目的は、社会秩序を導く人間本性は何かを明らかにすることである。社会秩序とは、社会を構成する人全員が何らかのルールにしたがうことにより、平和で安全な生活を営むことである。

人間社会は、どの時代、どの地域を見ても、完全な秩序、完全な平和が実現されたことはない。どの社会においても犯罪は絶えないし、紛争や戦争がない時代はない。実際、自分が属する社会に完全に満足する人はいないであろう。しかしながら、人間社会は、まったく無秩序かというと、そうではない。たいていの社会では、完全ではないにせよ、秩序が存在する。恵まれた社会、恵まれた時代に生まれれば、私たちは、朝起きてから夜眠るまで、自分の身の危険を感じることなく過ごすことができる。私たちは、今、自分の隣に座っている人が自分に危害を加えるとは思わない。なぜなら、私たちは、人に危害を加えることは法によって禁止されていることを知っており、ほとんどの人が法を守って生きていると信じているからである。

このように、秩序だった社会では、人びとは、法を作り、それを守り、そして安心で安全な生活を送る。では、人間のどのような本来的な性質が、人間に法を作らせ、それを守らせるのであろうか。言いかえれば、社会秩序を導く人間本性は何であろうか。『道徳感情論』において、スミスは、この問題に答えようとする。

スミスの答えは、『道徳感情論』というタイトルによって象徴されている。社会秩序を基礎づける原理、すなわち道徳原理は感情にもとづくとスミスは考える。ただし、『道徳感情論』の原語タイトルはThe Theory of Moral Sentimentsであって、The Theory of the Moral Sentimentではないことに注意しなければならない。スミスは、彼の師であるハチスンのように、社会秩序を、人間の中にある、ひとつの特殊な感情、あるいは感覚に帰属させようとはしなかった。スミスは、喜び、怒り、悲しみなど、私たちの中にある、さまざまな感情が作用し合うことによって、社会秩序が形成されると考えたのである。道徳原理はひとつの特殊な感情ではなく、諸感情にもとづくのである。『道徳感情論』の原語タイトルの最後が、Sentiments と複数形になっているのは、このことを示す。では、人間の諸感情はどのような作用を通して社会秩序を形成するのだろうか。以下では、この問題に対するスミスの考えを説明しよう。

2　同感の仕組み

同感とは何か

『道徳感情論』は、次の文章で始まる。

人間がどんなに利己的なものと想定されうるにしても、明らかに人間の本性の中には、何か別の原理があり、それによって、人間は他人の運不運に関心をもち、他人の幸福を——それを見る喜びの他には何も引き出さないにもかかわらず——自分にとって必要なものだと感じるのである。この種類に属するのは、哀れみまたは同情であり、それは、われわれが他の人びとの悲惨な様子を見たり、生々しく心に描いたりしたときに感じる情動である。われわれが、他の人びとの悲しみを想像することによって自分も悲しくなることがしばしばあることは明白であり、証明するのに何も例を挙げる必要はないであろう。(『道徳感情論』一部一編一章)

この文章から、スミスが人間を単なる利己的な存在と見ていたわけではないということがわかる。人間は自分の利益を考える存在であるが、それだけではない。人間本性の中には別の原理もある。それは何かというと、他人に関心をもつということである。人間は、自分の利害に関係なくても、他人の運不運、あるいは境遇に関心をもち、それを観察することによって、自分も何らかの感情を引き起こす存在なのである。この仮説が『道徳感情論』の出発点である。

他人を観察するとき、私たちの心の中では、どのような作用が生じるのであろうか。スミスの考えは、図1-1によって説明することができる。今、他人が当事者として何かの境遇にある、あるいは何かの対象とある関係をもっているとする。たとえば、就職が決まったという境遇にある人は、「就職」という対象と「決まる」という関係をもつと見なすことがで

図1－1　他人の感情・行為に対する判断

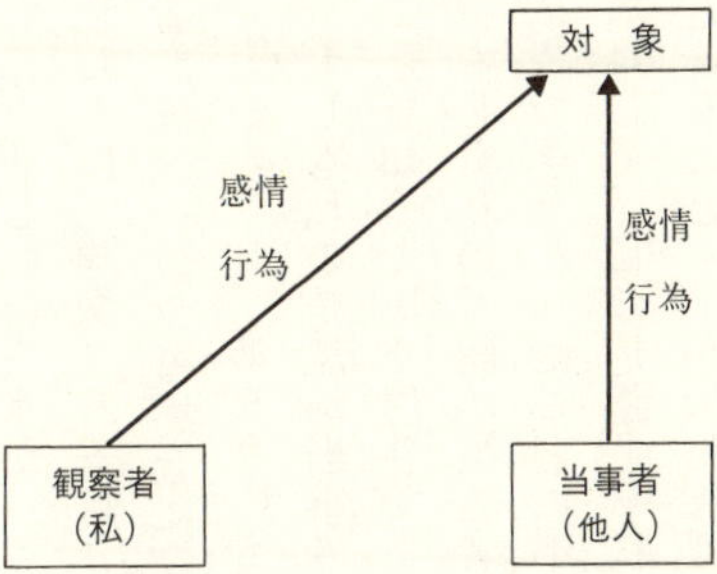

きるし、身内を亡くしたという境遇にある人は、「身内の死」という対象と「直面する」という関係をもつと見なすことができる。当事者は、対象と関係をもつことによって、何かの感情を引き起こす。ふつう、就職が決まれば喜ぶであろうし、身内を亡くせば悲しむであろう。場合によっては、感情を引き起こすだけでなく、何かの行為をするかもしれない。たとえば、歓喜のために大声で笑ったり、悲哀のために泣き崩れたりするかもしれない。

私たちは、自分の利害に関係なくても、他人の感情や行為に関心をもち、それらを観察する。大きな声で笑っている人があれば（あるいは泣き崩れている人がいれば）、何があったのだろうと思う。そして、その人の境遇、その人の感情や行為の原因をもっとよく知ろうとする。

次に私たちがすることは、想像の中で、自分を当事者の境遇に置いてみること、当事者と同様の関係を対象と結んでみることである。つまり、自分が当事者と同じ境遇にあったならば、どのような感情をもつであろうか、あるいはどのような行為をするだろうかと想像してみる。就職が決まったら、自分はどのように喜ぶだろうか。身内を亡くしたら、自分はどれほど悲しむだろうか。このように想像してみるのである。

私たちは、想像される自分の感情や行為と、実際に観察される他人の感情や行為を比較し、両者がほぼ一致する場合には、他人の感情や行為を適切性（propriety）のあるものとして是認（approve）し、あまりにも異なる場合には、適切性のないものとして否認（disapprove）する。もしも私の是認が当事者に伝わるならば、当事者は自分の感情や行為が他人に認められたことを知って快く思うであろうし、是認できた私自身も快い気持ちになるであろう。反対に、もしも私の否認が当事者に知られれば、当事者は不愉快な気持ちになるであろうし、私も是認できなかったことに不快感をもつであろう。たとえば、身内を亡くして悲しんでいる人に対して、私の是認――私もあなたと同じ境遇にあれば、あなたと同じように悲しむだろうということ――が伝われば、当事者の悲しみは和《やわ》らぐであろう。私自身も、悲しみを感じながらも、ある種の満足感を得るであろう。反対に、就職が決まって喜んでいる人に対して、私の否認――私であれば、あなたほどには喜ばないだろうということ――が当事者に伝われば、当事者は不愉快な気持ちになるであろう。また、私自身も感情の不一致に対していらだちを覚えるであろう。

このように、他人の感情や行為の適切性を判断する心の作用を、スミスは「同感」（sympathy）と呼んだ。同感は、他人の喜びや悲しみ、怒りなどの諸感情を自分の心の中に写しとり、想像力を使って、それらと同様の感情を引き出そうとする、あるいは引き出せるか否《いな》かを検討する人間の情動的な能力といえる。

自分の感情や行為に対する他人の判断

私たちは、同感という能力を使って他人の感情や行為を観察し、それらに対して是認・否認の判断を下す。スミスによれば、このような観察と判断を繰り返すうちに、私たちは、他人もまた私の感情や行為に関心をもち、それらを観察し、想像の中で私の立場に立って、それらを是認、または否認することを知るようになる。そして、私たちは、自分の感情や行為が他人の目にどのように映っているか、是認されているのか否認されているのかを知りたいと思うようになる。図1－2は、このような心の作用を示す。

図1－2　私の感情・行為に対する他人の判断

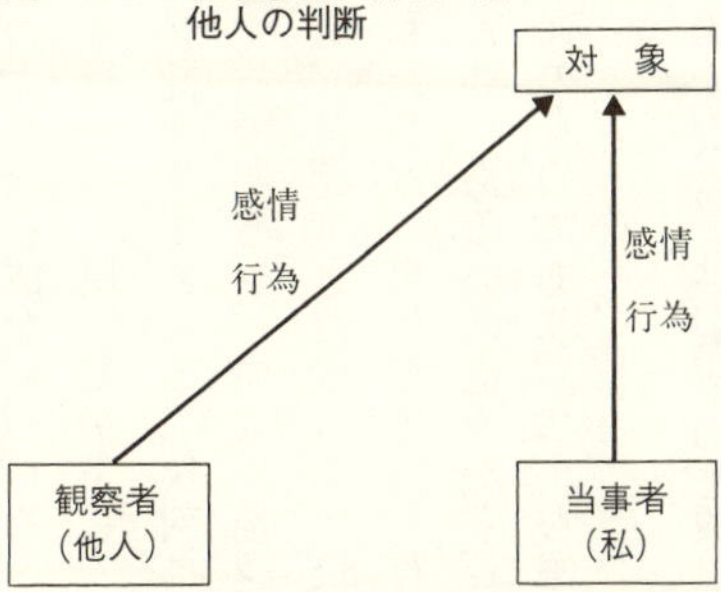

図1－2において、私は、当事者として、ある対象に対して何かの感情を引き起こしている、あるいは何かの行為を行なっている。他人は、観察者として私の感情や行為を観察する。そして観察者は、もしも自分が私の立場にあったならば、

どのような感情をもつだろうか、どのような行動をとるだろうかを想像する。想像される感情や行為が、現に私が表している感情や行為とほぼ一致するならば、他人は私の感情や行為を是認するであろう。反対に、両者が大いに異なるのであれば、他人は私の感情や行為を否認するであろう。他人の是認は私に快感を与え、否認は不快感を与える。観察者としての他人も、是認できた場合には快感を得、否認する場合には不快感をもつであろう。

私たちは、自分の感情や行為が他人の目にさらされていることを意識し、他人から是認されたい、あるいは他人から否認されたくないと願うようになる。スミスは、この願望は人類共通のものであり、しかも個人の中で最大級の重要性をもつものだと考える。

胸中の公平な観察者の形成

私たちは、他人から是認されることを願う結果、自分の感情や行為を他人が是認できるものに合わせようとする。では、私たちは、誰の是認を基準にして自分の感情や行為を調整するのであろうか。スミスは、次のように述べる。

われわれは、この世に生まれ出ると、他人を喜ばせたいという自然的欲求から、交際するすべての人にとって、つまり自分の親、教師、仲間にとって、どんなふるまいが快適であるかを考慮するように自分を習慣づける。われわれは、進んで他人に話しかけ、しばらくの間は喜んで、あらゆる人の好意と明確な是認とを得るという不可能で道理に合わないもくろみを追求する。しかしながら、われわれは、まもなく経験によって、この明確な是認が普遍的にはまったく獲得できないものであることを知る。他人との間に処理すべきもっと重要な利害関係をもつようになると、われわれは、一人の人を喜ばせることによって、ほとんど間違いなく別の人を怒らせるということ、そして、場合によっては、一人の人の機嫌をとることによって、他のすべての人をいらだたせるかもしれないということを知る。

［中略］

このような他人の一方的な判断から自分自身を守るために、われわれはまもなく、自分と自分が一緒に生活する人びととの間の裁判官を心の中に設け、彼の前で行為していると思うようになる。彼は、非常に公平で公正な人物であり、自分に対しても、自分の行動によって利害を受ける他の人びとに対しても、特別な関係を何ももたない人物である。彼は、彼らにとっても自分にとっても、父でも兄弟でも友人でもなく、単に人間一般、中立的な観察者であり、われわれの行動を、われわれが他の人びとの行動を見る場合と同じように、利害関心なしに考察する存在である。[1]

スミスによれば、私たちが自分の感情や行為の適切性を測る基準として求めるのは、利害関心のない、「公平な観察者」(impartial spectator) の是認である。私たちは、自分の感情表現や行為について、親や友人など、親しい人から、「あなたは正しい」と言われるならば、嬉《うれ》しく思うであろう。しかしながら、同時に、そのように言ってもらえるのは、その人が私に対して特別な愛着や好意をもっているせいであるかもしれないと思うであろう。反対に、自分に対して明らかな敵意をもつ人から、「あなたは間違っている」と言われた場合、私たちは、そのときはショックを受けるかもしれないが、冷静になれば、そのような非難は公平さを欠いたものであり、問題にする必要はないと思うであろう。いずれの場合も、私たちが自分の感情や行為の適切性について確信をもつことができる基準を与えてはくれない。それを与えてくれるのは、私と利害関係にない、そして私に対して特別な好意や敵意をもたない公平な観察者たちだけである。

私たちは、観察者としての経験、そして当事者としての経験を通じて、自分が所属する社会において、公平な観察者たちが実際に他人の感情や行為をどのように判断するかを学ぶ。そして、経験によって得られた知識にもとづいて、私たちは、自分の感情や行為について、公平な観察者であれば、どのような判断を下すかを想像し、自分の感情や行為を公平な観察者が是認すると思われるものに合わせようとする。このようにして、私たちは、自分の胸中に公平な観察者の基準を形成し、その基準にもとづいて自分の感情や行為の適切性を判断するようになる。図1-3は、この状態を示す。

図1-3において、私は感情や行為の当事者であるとともに、それらを判断する公平な観察者でもある。私は自分を、いわば裁判官（公平な観察者）と被告（当事者）に分割し、自分で自分の感情や行為を判断するのである。

図1-3　自分の感情・行為に対する判断

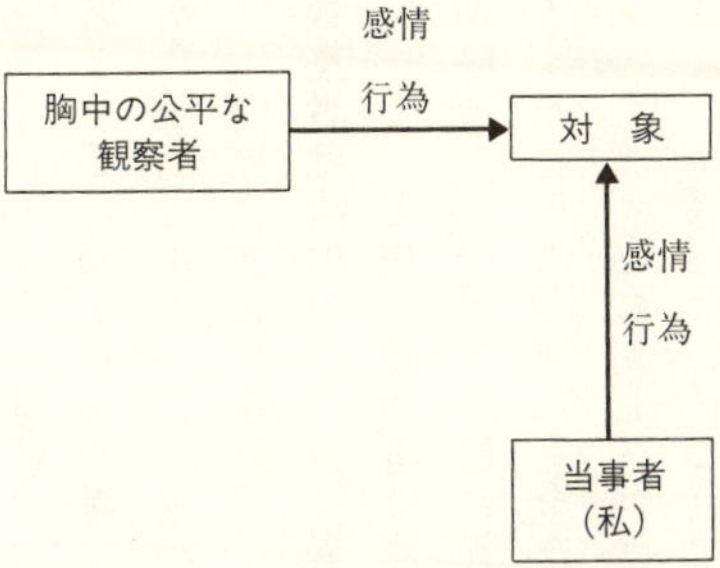

当事者としての私は、ある対象に対して何かの感情を引き起こしたり何かの行為を行なったりする。一方、私の胸中には公平な観察者としてのもう一人の自分がいて、私の感情や行為が適切なものであるか否かを判断する。私たちは、つねに胸中の公平な観察者の判断にしたがうわけではないが、その判断を気にしないではいられない。私たちは、自分の感情や行為に対して、胸中の公平な観察者から是認を受ける場合には安心するし、反対に否認される場合には不安になる。何か間違った感情を引き起こしたのではないか、何か間違った行為をしたのではないかという不安が沸《わ》き起こるのである。

このようにして、私たちは、胸中の公平な観察者が是認する感情や行為を推し進めようとし、否認する感情や行為を差し控えようとする。図1-2と図1-3の異なるところは、図1-2においては、私は他人という実在の観察者から是認を得ることを求めているのに対し、図1-3においては、私は胸中の公平な観察者――内部化された観察者――の是認を求めていることである。実在の観察者と胸中の公平な観察者は次の二つの点で異なる。

第一に、実在の観察者は他人であるため、私が置かれている境遇、そして私の感情や行為の動機などについて正確に知ることができない。一方、胸中の公平な観察者は私自身であるので、それらに関する完全な情報をもつ。第二に、実在の観察者は、私と何らかの利害関係にあったり、私に対して何かの偏見をもっていたりする場合があり、必ずしも公平な判断を下すとはかぎらない。これに対して、胸中の公平な観察者は利害関係や偏見をもたない存在である。私の事情について完全な情報をもち、つねに公平な判断を下してくれる存在、それが胸中の公平な観察者なのである。胸中の公平な観察者は、実在の観察者の判断に依拠して形成されるのであるが、時として、実在の観察者たちとは異なる判断を下す。胸中の公平な観察者の判断と実在の観察者の判断が食い違う原因と結果については、次節で、より詳細に検討する。

成熟した観察者の判断

図1－4は、自分の中に公平な観察者を形成した後の私たちが、他人の感情や行為を是認または否認する仕方を示す。図1－1の場合と違って、私たちは、もはや他人の境遇に直接自分を置くのではなく、胸中の公平な観察者が当事者と同じ境遇にあったならば、どのように感じるであろうか、あるいはどのように行動するであろうかと考えるようになる。そして、胸中の公平な観察者の感情や行為が、当事者が現に示している感情や行為とほぼ一致するならば、それらを是認し、大きく異なれば否認する。[2] このようにして、私たちは、成長とともに、自分の気分や好み、あるいは利害によって他人の感情や行為を判断することを避け、冷静で公平な判断を下すようになる。

図1－4　成熟した観察者の判断

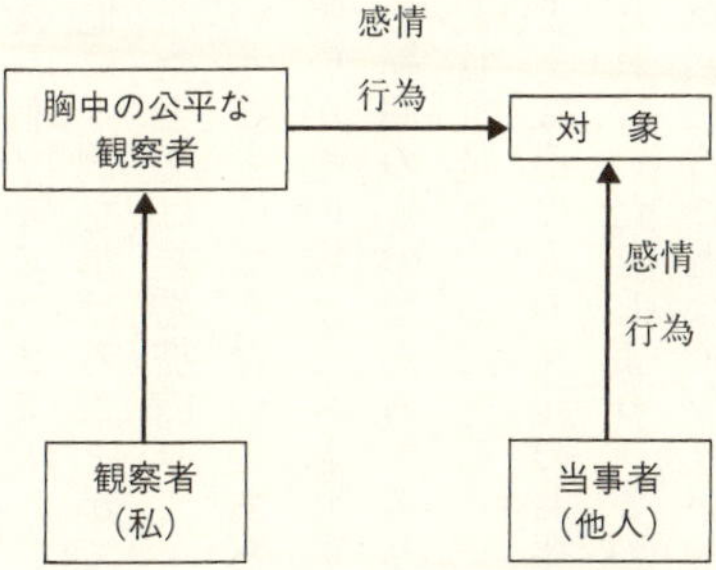

たとえば、私たちは、詐欺《さぎ》、窃盗《せっとう》、傷害、殺人など、他人の犯罪を見るとき、自分であっても場合によっては同じことをするかもしれないという恐れをもちながらも、それを理由に、これらの行為を是認することはない。それは、自分の中の公平な観察者がそのような行為を認めないことを知っているからである。私たちは、いわば自分のことを棚《たな》に上げて他

人を評価するのである。

他にも例を挙げることができる。自分の気持ちがひどく落ち込んでいるときに、楽しい場――たとえば結婚披露宴――に出席したとしよう。私は、そこでなされる冗談や笑いについていくことはできないであろう。しかしながら、私の中の公平な観察者は、どのような冗談や笑いがその場にふさわしいかを知っているので、実際の冗談や笑いが公平な観察者が是認する範囲のものであるかぎり、私は、自分では笑わないにもかかわらず、それらを適切なものとして是認するであろう。反対に、あまり親しくない他人の不幸を見ることになった――たとえばその人の父親のお葬式に出席した――としよう。そして、私は何か他のことに気をとられていたとしよう。このようなとき、私は、その人の立場に立って、その人と同じ悲しみを感じることはできないであろう。場合によっては、まったく悲しみをもてないかもしれない。しかしながら、私の中の公平な観察者は、その人の悲しみや涙を自然なものとして是認するので、私は自分の同情心のなさを恥じ、できるだけ悲しい気持ちになるよう努力し、少なくとも不謹慎な言動を慎もうとするであろう。

このように、いったん心の中に公平な観察者が形成されれば、私たちは、当事者としてだけでなく、観察者としての自分の判断をも、胸中の公平な観察者を用いて調整するのである。

同感に関する以上の議論を要約すると次のようになる。

（1）私は他人の感情や行為に関心がある。
（2）他人も私の感情や行為に関心をもつだろう。
（3）私は、できるだけ多くの人から是認されたいと思う。
（4）経験によって、私は、諸感情や諸行為のうち、同胞の多くが、あるものを是認し、他のものを否認することを知る。
（5）また、経験によって、私は、ある感情または行為が、すべての同胞の是認を得ることはないことを知る。
（6）そこで、私は、経験をもとに公平な観察者を胸中に形成し、その是認・否認にしたがって自分の感情や行為を判断するようになる。
（7）同時に、私は、胸中の公平な観察者の是認・否認にしたがって他人の感情や行為を判断するようになる。
（8）こうして、私は、当事者としても、観察者としても、自分の感情や行為を胸中の公平な観察者が是認できるものに合わせようと努力する。

3　称賛と非難

称賛と非難の仕組み

スミスは、私たちが胸中の公平な観察者を通して是認・否認という判断を行なうという事実から、「称賛（praise）に値する」、および「非難（blame）に値する」という私たちの感覚を説明する。称賛・非難の感覚は、主として人間による人間に対する行為について私たちがもつ感覚である。そして、称賛や非難は行為の動機と結果の両方を考慮してなされる。図1－5は、称賛・非難の仕組みを示す。

図1－5は図1－4の特殊ケースと考えてよい。図1－4と比較した場合、図1－5において、「当事者」は「行為者」に、「対象」は「行為を受ける人」になっている。いま、行為者の行為を（A）としよう。そして、行為を受ける人が引き起こす感情を（B）としよう。（B）は、行為（A）が行為を受ける人にとって快いものであれば感謝（gratitude）という感情になるだろうし、苦痛であれば憤慨《ふんがい》（resentment）という感情になるだろう。

私たちは観察者としてこの行為をどのように判断するであろうか。私たちは、まず行為者の立場に立ってみる。つまり、自分――正確には、自分の胸中にいる公平な観察者――が行

図1－5　称賛と非難の仕組み

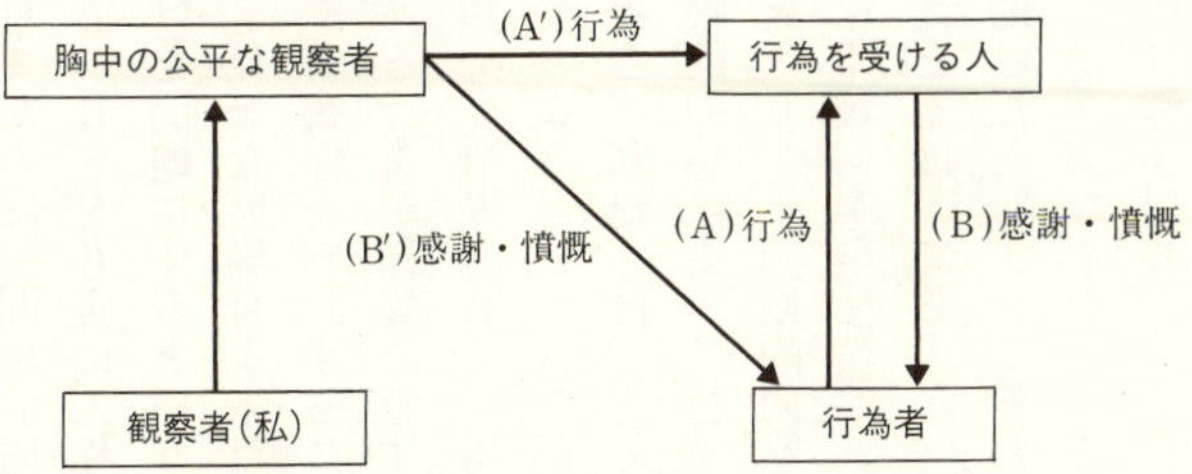

為を受ける人に対して同じ関係をもつと想像する。そして、胸中の公平な観察者がするだろう行為――これを（A′）としよう――を想像する。もしも、胸中の公平な観察者の行為（A′）と実際の行為者の行為（A）とが、ほぼ一致するならば、私たちはその行為の動機を是認し、まったく一致しなければ否認する。スミスは、判断のこの側面を「直接的同感」（direct sympathy）と呼ぶ。直接的同感は行為の動機の適切性を判断する心の作用であるといえる。

次に、私たちは、行為を受ける人の立場に立つ。つまり、自分の胸中にいる公平な観察者が、そのような行為を受けたならば、どのような感情を引き起こすであろうかを想像する。この感情を（B′）としよう。もしも（B′）が感謝という感情ならば、私たちはその行為を有益な行為であると判断する。反対に、（B′）が憤慨であれば、私たちはその行為を有害な行為であると判断する。スミスは、このような判断の側面を「間接的同感」（indirect sympathy）と呼ぶ。間接的同感は、行為の結果を判断する、あるいは行為を結果から判断する心の作用であるといえる。

重要なのは、間接的同感は、直接的同感と異なって、行為を受ける人が実際に引き起こす感情（B）を考慮に入れないで、胸中の公平な観察者が引き起こすと想像される感情（B′）だけを問題にするということである。[3]このことは、行為を受ける人が、実際には何の感情作用も見せない場合——たとえば、死んでしまった場合——においても、私たちは行為の有益性や有害性を判断することができることを意味する。

ある行為が称賛に値するか、それとも非難に値するかは、直接的同感と間接的同感の両方を用いて判断される。もしも、直接的同感によって行為の動機が適切であると判断され——つまり（A）と（A′）がほぼ一致し——間接的同感によって得られる感情（B′）が感謝である場合、私たちは、その行為を称賛（または報償）に値する行為であると判断する。反対に、直接的同感によって行為の動機が不適切であると判断され——つまり（A）と（A′）が大きく異なり——間接的同感によって得られる感情（B′）が憤慨である場合、私たちは、その行為を非難（または処罰）に値する行為であると判断する。

たとえば、ある人が、自分も豊かでないにもかかわらず、生活に困っている友人を経済的に助けたとしよう。私たちは、まず行為者の立場に立って、行為の動機——同情または友情——が適切なものであることを認める。同時に、私たちは、行為を受ける人の立場に立って、自然に沸き起こってくる感情が感謝であることを認める。この二つの判断を合わせることによって、私たちは、この行為が称賛に値するものであると判断する。自分が経済的に助けてもらったわけでもないのに、この人の行為を称賛し、この人に感謝さえするのである。もちろん、称賛の程度は、友人を助ける人が、どれほど豊かであるのか、友人はどれほど困っているのか、二人の関係はどのようなものであるのかということについて、私たちが手にする情報に依存する。

もうひとつ例を挙げよう。ある人が、見知らぬ人から金銭を奪うために、その人を殺害したとする。私たちは、まず行為者の立場に立って、胸中の公平な観察者がそのような行為を行なうか否かを検討する。通常の場合、すぐさま「否」という答えを得るだろう。次に、私たちは、行為を受けた人、つまり殺害された人の立場に立って、自分が（あるいは自分の中にいる公平な観察者が）そのような行為を受けたならば、どのような感情を引き起こすかを想像する。間違いなく憤慨であろう。こうして、私たちは、金銭を奪う目的のために他人を殺害する行為を非難に値する行為であると判断する。自分が殺害されたわけでも、金銭を奪われたわけでもないのに、私たちは、そのような行為を行なった人に対して憤慨し、何らかの処罰がなされるべきだと思う。私たちは、行為を受けた人にかわって復讐《ふくしゅう》したいと願うのである。

称賛と非難に偶然が与える影響

スミスは、私たちの称賛と非難は偶然（fortune）によって影響されると考える。なぜなら、私たちは行為の動機よりも結果に目を奪われがちであり、しかも行為の結果がどのようなものになるかは偶然に左右されるからである。私たちは、行為者の動機が適切で、行為を受ける人に有益な結果をもたらす行為を称賛し、行為者の動機が不適切で、行為を受ける人に有害な結果をもたらす行為を非難する。これが基本原則である。しかしながら、諸行為の中には、(1) 意図したにもかかわらず、偶然によって、意図したとおりの結果を生み出さないものもあれば、(2) 行為者が何の意図ももたなかったにもかかわらず、他人に有益な、または有害な結果を偶発的にもたらす行為もある。スミスは、これら二つのケースにおいて、私たちの称賛と非難は、基本原則を離れ、不規則性（irregularity）をもつと考えた。

まず、第一の不規則性を考えよう。ある人が善意によって他人に利益をもたらす行為を行なったとする。たとえば、ある人が知り合いに対して就職の世話をしようとしたとする。基本原則にしたがえば、この人の行為は、動機が適切であり、行為を受ける人にとって有益な結果をもたらすものであるので、称賛に値すると判断されるはずである。そして、その称賛は、偶然による結果に影響を受けてはならないはずである。たまたま有力な候補が他にいたために就職が決まらなかったとしても、それは行為者の善意や努力とは関係のない偶然の結果にすぎない。

しかしながら、行為を受ける人の感謝の度合い、そして観察者としての私たち——世間——の称賛の程度は、実際に就職が決まるか否かということに大きく影響を受ける。行為者の善意や努力が観察されにくいのに対し、就職が決まるか決まらないかは、はっきりと観察されるからである。世間は、目に見える結果に左右されて、同じ程度の善意、同じ程度の努力にもとづいた行為であるにもかかわらず、有益な結果を出すことができた人を称賛し、出せなかった人に対しては、それよりも少ない称賛しか与えないのである。[4]

反対に、ある人が悪意をもって他人に有害な結果をもたらす行為を行なったとする。たとえば、ある人が、自分の利害関心から、他人を殺害しようとしたとする。基本原則にしたがえば、この人の行為は、動機が不適切であり、行為を受ける人にとって有害な結果をもたらすものであるので、非難に値すると判断されるはずである。そして、その非難は、偶然の結果に影響を受けてはならないはずである。

たとえば、行為者が殺害を実行しようとする前に、行為を受ける人が病気で死んでしまった。あるいは、実際に殺害を試みたが、相手の腕力の方が強くて成功しなかった。これらは、すべて偶然の結果にすぎない。しかしながら、世間の非難の程度は、実際に殺害がなされたか否かということに大きく影響される。行為者の悪意が観察されにくいのに対し、殺害の有無は、はっきりと観察されるからである。世間は、目に見える結果に左右されて、同じ程度の悪意にもとづいた行為であるにもかかわらず、殺害に成功した人を厳しく非難する一方、殺害に失敗した人に対する非難を、それよりも弱める。実際、ほとんどの国の刑法において、殺人と殺人未遂との間で刑罰の重さに違いがある。

次に、第二の不規則性のケース、つまり、行為者が何の意図ももたなかったにもかかわらず、他人に有益な、または有害な結果をもたらすケースを考えよう。行為者が意図しないのに有益な結果をもたらすケースについて、スミスは、戦場において味方の軍の勝利または優勢を指揮官に伝える伝令の例を挙げる。伝令は、任務として実際の状況を指揮官に伝えるだけであり、それによって味方の軍の勝利を導こうと意図したわけではない。しかしながら、指揮官は、勝利の朗報を喜び、その伝令に対して、あたかも自軍を勝利に導いた存在であるかのように感謝し、場合によっては褒美《ほうび》を与えるのである。このように、人間は、有益な結果に目を奪われ、行為者自身がふさわしいと感じる以上の称賛を与える場合がある。

より興味深いのは、意図しないで有害な結果をもたらす行為の場合である。これは、いわゆる過失に相当する。過失にも、さまざまな程度のものがある。たとえば、二階の窓から物を投げ捨てて、窓の下を通った人に偶然当たり、その人に怪我《けが》を負わせたとする。この場合、行為者は、その人を傷つけようという意図をもっていなかったのであるが、過失傷害という罪に問われるであろう。過失の中でも、そのような行為は人命を大切に思わない軽はずみな行為、有害な結果をもたらすことが容易に予想できる行為であるので、怪我の程度によっては、かなり重い刑が科せられるであろう。しかしながら、過失の中には、行為の結果が容易には予想できないものもある。実際、私たちは、自動車を運転するとき、どんなに注意深く運転しても、絶対に事故を起こさないという確信をもつことはできない。これまで事故を起こしたことがないとしても、それは、単に運がよかっただけかもしれない。運が悪ければ、私たちは事故に巻き込まれ、状況によっては加害者として過失傷害の罪に問われることになるかもしれない。その場合、運転者は、自分だけがなぜ、このような不運な目に遭わなくてはならないのかと嘆くであろう。しかしながら、世間は、行為者の不運に同情しながらも、有害な結果をもたらしたことに対し、行為者を完全に無罪とはしないのである。

不規則性の社会的意味

このように、世間は、意図したにもかかわらず意図したとおりの結果を生まなかった行為に対して、基本原則が示すよりも弱い称賛または非難しか与えない傾向をもち、意図しないにもかかわらず偶発的に有益な、または有害な結果をもたらした行為に対して、基本原則が示すよりも強い称賛または非難を与える傾向をもつ。スミスは、世間が、このような不規則性をもって個人の行為を評価することには社会的な意味があると考える。いくら善意があっても、実際に有益な結果をもたらさなければ、世間から称賛されないという事実によって、私たちは、有益な結果を生み出すように最善の努力をする。また、意図しないにもかかわらず有害な結果をもたらした場合、世間は、その行為をまったくの無罪とは見なさないという事実によって、私たちは過失を犯さないよう十分注意するようになる。

実際に有害な結果を生んだか否かにかかわらず、あるいは実際に行為に移したか否かにかかわらず、有害な行為を意図しただけで、有害な結果をもたらした場合と同じ非難や処罰が与えられる社会は、過酷《かこく》な社会になるであろう。そのような社会では、諸個人が互いに心の中を探り合い、警察に密告し合うことになるだろう。個人は、自分の心の中を他人に知られないよう、細心の注意を払って生活しなければならないであろう。実際、人類は、異端審問《いたんしんもん》や思想検閲、あるいは言論弾圧の歴史を通じて、そのような社会が、幸福な社会からはほど遠い社会であることを学んだはずである。

このように、世間が結果に影響されて称賛や非難の程度を変えることは、社会の利益を促進し、過失による損害を減少させるとともに、個人の心の自由を保障するのである。こうして、私たちは、称賛・非難の不規則性という、いわば「見えざる手」に導かれて、知らず知らずのうちに住みやすい社会を形成するのである。

しかしながら、行為の当事者は、善意にもとづいた行為が称賛されなかったり、悪意のない行為が非難されたりすることを残念に思うであろう。スミスも、「世間が、意図によってでなく結果によって判断するということは、あらゆる時代に不満の種であったし、徳を大いにくじくものである」（『道徳感情論』二部三編三章）と述べている。スミスによれば、これらの場合、私たちの胸中の公平な観察者は、基本原則にもとづいた評価を私たちに告げることによって、私たちを慰めようとする。たとえば、善意にもとづいた行為が偶然によって有益な結果を生むことに失敗した場合、胸中の公平な観察者は私たちに次のように告げる。「あなたは最善を尽くした。しかし、不運にも結果を出すことはできなかった。世間は結果に目を奪われて、あなたを評価しない。しかし、私は、あなたの動機がまったく善意であったこと、そして、あなたが最善を尽くしたことをよく知っている。あなたは、自分の行為を誇りに思ってよい」。

また、意図しなかった害悪を偶然、発生させてしまった場合、胸中の公平な観察者は、私たちに次のように告げるであろう。「世間は、あなたを非難する。あたかも、あなたに悪意があったかのように。しかし、私は、あなたに悪意はまったくなかったことを知っている。あなたは、自分に絶望してはならない」。

一方、意図しなかったにもかかわらず、何か有益な結果をもたらして、世間から称賛される場合、私たちは、胸中の公平な観察者が世間ほどには称賛しないことを知る。さらに、有害な行為を意図して実行したにもかかわらず、たまたまそのことが発覚せず、世間から非難や処罰を受けない場合、私たちは、胸中の公平な観察者が自分を非難することを知る。

このように、行為の当事者は、一方では、世間の称賛と非難にさらされ、他方では、胸中の公平な観察者の称賛と非難を受ける。世間の評価と胸中の公平な観察者の評価が食い違うとき——つまり不規則性が発生するとき——私たちは、どちらの評価を重視するであろうか。

不規則性への対応——賢人と弱い人

スミスは、実際の観察者、すなわち世間を、裁判における第一審にたとえ、各個人の胸中にある公平な観察者を第二審にたとえた。[5] 私たちは、自分の行為について、まず第一審、すなわち世間の評価を仰ぐ。しかし、世間の評価が適切でないと感じるとき、第二審、すなわち胸中の公平な観察者に訴え、最終的な判決を求める。

では、私たちは、つねに第二審の判決を第一審の判決よりも優先させるだろうか。第一審は、実際の称賛（報償）や非難（処罰）を私たちに与える。これに対し、第二審は、私たちの行為が本当は称賛（報償）に値するものなのか否か、あるいは非難（処罰）に値するものなのか否かを私たちの心の中で告げる。したがって、第一審の判決を優先するのか、それとも第二審の判決を優先するのかということは、称賛や非難自体を重視するのか、それとも称賛に値すること、非難に値することを重視するのかということである。スミスは、行為者が「賢人」(wise man) であるのか、「弱い人」(weak man) であるのかに応じて、重視する判決が異なると考える。

賢人は、ほとんどの場合、第二審の判決を重視し、弱い人は、すべての場合に第一審の判決を重視する。自分の行為が、称賛に値しないにもかかわらず、世間から称賛される場合、賢人はそのような称賛を喜ぶことはない。一方、弱い人は、世間の称賛を素直に喜ぶ。たとえば、自分では失敗作であると思う芸術作品を世間が絶賛する場合、その芸術家が賢人であれば、世間の絶賛を軽蔑《けいべつ》し、その作品を作らなければよかったと思うであろう。反対に、その芸術家が弱い人であれば、自分が世間から認められたことを喜び、有頂天《うちょうてん》になるであろう。

自分が称賛に値する行為を行なったにもかかわらず、偶然の理由によって、世間から称賛を得られなかった場合、賢人は、称賛されないことを意に介さない。一方、弱い人は、称賛を得られなかったことを残念に思う。たとえば、前の例を使うならば、ある人の就職を世話しようとして成功しなかった場合、賢人であれば、世話をした相手に対して申し訳ないと思うことはあっても、世間の称賛を得られないことを気にすることはないであろう。これに対し、弱い人は、就職を決められなかったことが原因で、自分に対する世間の評価が下がり、

「頼りにならない人」という烙印《らくいん》を押されるのではないかと心配する。
　非難に値する行為を行なったにもかかわらず、世間に知られることなく非難を免《まぬか》れる場合、賢人は、すべてを知る胸中の公平な観察者が発する非難を苦にする。これは、「良心の呵《か》責《しゃく》」と呼ばれる心の作用である。賢人であれば、自分が犯した罪を世間に告白するであろう。一方、弱い人は、自分の悪行が世間に知られなかったことを喜び、これから先も知られないよう願う。しかし、いくら平静を装っても、胸中の公平な観察者は、世間にかわって、あるいは悪行の犠牲になった人にかわって、生涯、行為者を非難し続ける。弱い人は、過去の悪行が世間に知られはしないかと恐れ続けるとともに、胸中の公平な観察者の非難の声に悩まされる。スミスは、他人を殺害した人の枕元に立つ亡霊の正体は、その人の胸中にいる公平な観察者の非難であると論じる。[6]
　このように、第一審と第二審の判決が異なる場合に、賢人と弱い人がとる態度は正反対である。しかし、両者が一致する場合がひとつだけある。それは、非難に値しないにもかかわらず、世間から非難される場合である。典型的な例として冤罪《えんざい》が考えられる。この場合、弱い人は、もちろん世間の非難を苦にするであろう。では、賢人は胸中の公平な観察者の声、「あなたは無罪である」という声にしたがって平静でいられるかというと、そうではない。スミスによれば、賢人といえども、根拠のない非難に対しては動揺する。根拠のない称賛は無視できても、根拠のない非難は無視できないのである。[7] 賢人が残念に思うのは、無実の罪を着せられる不条理に対してというよりも、むしろ自分が、そのような軽蔑すべき犯罪をしても仕方のない人間だと見られたことに対してである。自分のそれまでの行ないから、あの人は、そんなことは絶対にしないと思われるのではなくて、あの人だったら、そういうことをするかもしれないと思われたことに対してである。

スミスが強く影響を受けたとされるストア派哲学において、賢人は、あらゆる状況において精神の不動を保つ人であるとされる。ストア派が想定する賢人は、根拠のない非難に対しても何の苦しみも感じず、それもまた運命として諦《あきら》めるであろう。これに対して、スミスが考える賢人は、ほとんどの場合に公平な観察者の判断にしたがって平静を保つのであるが、唯一、根拠のない非難に関しては世間の判断に影響されて苦しむ人である。したがって、スミスは、賢人であっても根拠のない非難を受けることは避けようとすると考える。[8]

スミスは、このように、基本的に胸中の公平な観察者の判断にしたがう人を賢人と呼び、つねに世間の評価を気にする人を弱い人と呼んだ。しかしながら、実際には、すべての人間は、程度の差はあれ、賢人の部分と弱い人の部分の両方をもっている。あるときには賢人のように振る舞うことができるが、別のときには弱い人になる。ある問題には不動賢明に対処できるが、別の問題には浮き足だってしまう。これが普通の人間の姿である。したがって、スミスのいう「賢人」と「弱い人」は、普通の人間における「賢明さ」（あるいは「強さ」）と「弱さ」と読み替えることができるであろう。私たちの中の賢明さは、自己規制（self-command）によって公平な観察者が是認するように行動しようとするであろう。反対に、私たちの中の弱さは、世間の評価を気にするだけでなく、自己欺瞞《ぎまん》（self-deceit）によって公平な観察者の是認・否認を無視するように自分をしむけるであろう。激しい情念のせいで何か有害な行為を行なったときの自己欺瞞について、スミスは次のように述べる。

激しい情念をもって行為しようとするとき、われわれは、利害関心のない人物のもつ公平さにもとづいて自分がしようとしていることを考察することがほとんどできない。［中略］行為が終わり、それを促した諸情念が静まったときには、たしかにわれわれは、もっと冷静に利害関心のない観察者の諸感情に入り込むことができる。［中略］しかしながら、この場合においてさえ、それらが本当に公平であることは稀《まれ》である。［中略］自分自身を悪いと考えるのは大変不快なことであって、そのため、われわれは、しばしば意図的に、判断を不利にするかもしれない事情から目をそらす。［中略］この自己欺瞞という人類の致命的な弱点は、人間生活における混乱の源の半分をなす。（『道徳感情論』三部四章）

人間は、利害関心、気まぐれ、熱狂などのために、胸中の公平な観察者の声を無視し、自己欺瞞によって、自分の欲望や意向を正当化しようとすることがある。人間は、一方で胸中の公平な観察者の声にしたがおうとしながら、他方で、それを無視しようとする矛盾した存在なのである。

4　いかにして正義のルールが作られるか

一般的諸規則の設定

では、自己欺瞞という致命的な弱点に対して、私たちの中の「賢明さ」は、どのような対策をとるのであろうか。スミスは論じる。

しかしながら、自然は、これほど大きな重要性をもつこの弱点を、まったく匡正《きょうせい》することなく放置してはおかなかったし、われわれを自愛心の妄想《もうそう》にすべてゆだねてしまうこともなかった。他の人びとの行動についての継続的な観察によって、われわれは気づかぬうちに、何がなされたり回避されたりするのにふさわしく適切であるかについての一般的諸規則を心の中に形成する。(『道徳感情論』三部四章)

一般的諸規則（general rules）は、次の二種類の規則からなる。（1）胸中の公平な観察者が非難に値すると判断するであろう、すべての行為は回避されなければならない。（2）胸中の公平な観察者が称賛に値すると判断するであろう、すべての行為は推進されなければならない。私たちは、これらを「規則」として設定することによって、胸中の公平な観察者の判断に背くことを防ごうとするのである。第一の規則は、行為を受ける人が憤慨するような行為を禁止し、第二の規則は、行為を受ける人が感謝するような行為を推奨するといえる。言いかえれば、第一の規則は、正義（justice）、すなわち他人の生命、身体、財産、名誉を傷つける行為を行なわないことを私たちに指示し、第二の規則は、慈恵《じけい》（beneficence）、すなわち他人の利益を増進する行為を行なうことを私たちに指示する。

スミスによれば、一般的諸規則は、生まれつき私たちに与えられているものではなく、私たちが他人との交際によって、自分が所属する社会の中で経験的に学びとっていくものである。

一般的諸規則にしたがって人びとが行動すれば、秩序だった住みやすい社会が実現されるであろう。しかしながら、私たちは、それを意図して一般的諸規則を形成するのではない。最初は、実際の観察者たちから、そして後には胸中の公平な観察者から非難されることを恐れ、称賛されることを望んで、一般的諸規則を形成するのである。一般的諸規則は、他人との交際によって、そして非難への恐怖と称賛への願望という感情によって形成されるといえる。さらに、どのような行為が一般的諸規則に適合し、どのような行為が一般的諸規則に違反するかということも、経験によって知られるのである。

しかし、いったん一般的諸規則の具体的な内容が確立されれば、私たちは、ある行為に対して、それが一般的諸規則に適合（または違反）しているか否かに応じて、称賛（または非難）に値するか否かを判断する。私たちは、その行為が動機から見て適切か否か、そして、その行為を受ける人が引き起こす自然な感情がどのようなものかを想像するよりも前に、それが一般的諸規則に反しているか否かを判断する。たとえば、殺人事件を見たとき、私たちは、加害者の行為の動機や経緯をよく知る前に、「処罰に値する」と判断する。なぜなら、一般的諸規則によって、「殺人は処罰に値する」ことを知っているからである。もちろん、その後、私たちは、加害者の動機や被害者の境遇をよく知ることによって、判断を改めるかもしれない。しかし、最初の判断、直感的な判断は、一般的諸規則にもとづくのである。

義務の感覚

一般的諸規則は、観察者として他人の行為を判断するときに用いられるだけでなく、あるべき自分の行為を考える場合にも用いられる。スミスは、自分の行為の基準として一般的諸規則を顧慮しなければならないと思う感覚を、「義務の感覚」(sense of duty)と呼び、「人間生活において最大の重要性をもつ原理であり、人類のうちの多数がそれによって自分の行為を方向づけることができる唯一の原則」(『道徳感情論』三部五章)であると考えた。私たちの心の中で、義務の感覚は次のような役割をもつ。

今われわれが考察している能力[義務の感覚]の特別な職務は、われわれの本性の他のすべての原理を制御《せいぎょ》し、それらに非難または喝采《かっさい》を与えることである。その能力は、他の原理を対象とする一種の感覚と見なしていいのである。[中略]どんな場合に耳が慰められるべきか、どんな場合に目が楽しまされるべきか、どんな場合に味覚が満足させられるべきか、どんな場合に、どこまで、われわれの本性の他のそれぞれの原理が放任あるいは抑制されるべきかを、同じやり方で決定することは、われわれの道徳的能力に属する。(『道徳感情論』三部五章)

義務の感覚が制御する「本性の他のすべての原理」の中には、喜びや怒り、悲しみなどの諸情念、私たちが動物として本能的にもっている諸欲望、そして自分の利益を第一に考えようとする利己心（self-interest）や自愛心（self-love）などが含まれるであろう。私たちは、どの程度まで、感情を高ぶらせてもよいか、本能的な欲望を解放してよいか、自分の利益を優先してよいかを、一般的諸規則を顧慮することによって判断するのである。

特に重要なのは、義務の感覚によって制御されるものの中に、利己心や自愛心が含まれていることである。実際、スミスは、はっきりと、「自然は［中略］われわれを自愛心の妄想にすべてゆだねてしまうことはなかった」（『道徳感情論』三部四章）と述べている。利己心や自愛心は義務の感覚のもとに制御されなければならないし、通常は制御されるはずであるとスミスは考える。このことを理解しておくことは、『国富論』において、スミスが利己心にもとづいた自由な経済活動を容認したことの意味を正しくとらえる上で非常に重要である。無制限の利己心が放任されるべきだという考え方は、スミスの思想からは出てこない。

では、私たちは、義務の感覚にもとづいて、情念、欲望、自愛心を抑制することによって何を得るのであろうか。スミスは、この問題に対して次のように答える。

われわれの内面にある、これらの神の代理人［胸中の公平な観察者］は、それら［一般的諸規則］に対する侵犯《しんぱん》を、内面的恥辱《ちじょく》感と自己非難の責め苦によって必ず処罰するのであり、反対に、従順に対しては、つねに心の平静、満足、自己充足をもって報償するのであ

る。(『道徳感情論』三部五章)
私たちは、一般的諸規則に反する行為をすれば、たとえそれが世間から非難されなくても、胸中の公平な観察者の非難を受けることになる。この場合、私たちは平静な心を保てないであろう。反対に、一般的諸規則にしたがう行為をすれば、胸中の公平な観察者の称賛を受け、少なくとも非難を受けることはないであろう。この場合、私たちは心の平静を保つことができるであろう。結局、義務の感覚にしたがうことによって私たちが得るものは、「心の平静」なのである。

正義と慈恵

一般的諸規則は、私たちに正義と慈恵を勧める。スミスによれば、私たちは慈恵よりも正義に対して強い義務感をもつ。言いかえれば、私たちは、慈恵よりも正義に関して、一般的諸規則に厳密にしたがおうとする。スミスは、この違いを、慈恵と正義を駆り立てる感情に対して私たちが本性的にもつ好き嫌いによって説明する。[9]

慈恵的な行為を駆り立てる感情は、寛容、人間愛、親切、同情、友情などである。私たちは、これらの感情自体を快いものとして好む。そして、これらの感情の発現を見たいと思う。

したがって、慈恵的な行為は、行為者の義務感だけによって生じるのではなく、それを駆り立てる感情から直接生じるべきだと思う。

私たちは、自分の命を犠牲にして他人を助ける行為を見た場合、それに感嘆する。しかし、私たちが感嘆するのは、その行為が他人の利益を増進するように行動すべきだという社会の一般的諸規則に厳密に一致していたからではない。社会の一般的諸規則は、そのような厳しい自己犠牲を要求しないであろう。私たちが感嘆するのは、むしろ、その行為が、一般的諸規則への顧慮を超えた、何か崇高《すうこう》な感情にもとづいてなされたにちがいないと思うからである。

このような特別な場合でなくても、誕生日のプレゼント、結婚のお祝い、旅行に行った人からのおみやげ、何かのお礼など、日常的な行為についても、私たちは、それらが義務感からではなく、純粋な愛情や友情、あるいは感謝からなされることを望む。慈恵的に見える行為が、単に義務感や社会的な慣習にしたがってなされたにすぎないとわかった場合、私たちはいくらか失望し、その行為に対する評価を下げるであろう。このように、私たちは、他人の行為であれ、自分の行為であれ、慈恵的な行為については、一般的諸規則に厳密にしたがうべきだとは考えない。むしろ、私たちは、行為を駆り立てる快い諸感情が一般的諸規則を超えて自発的に発揮されることを望むのである。

正義については事情が異なる。私たちが、ある行為を処罰に値すると思うのは、間接的同感によって、その行為を受ける人の憤慨に同感するからである。正義とは、行為を受ける人の憤慨の対象になるような有害な行為を差し控えようとすることであるとともに、有害な行為がなされた場合、行為をした人に対して何らかの処罰を与え、行為を受けた人の憤慨を鎮めようとすることである。したがって、正義の背後にある感情は憤慨であるといえる。

しかしながら、憤慨は、嫌悪《けんお》や憎悪《ぞうお》とともに、もともと人間にとって不愉快な感情である。私たちは、何もなければ、他人がこれらの感情を引き起こすところを見たいとは思わない。また、自分の心の中にこれらの感情が沸き起こることも避けたいと思う。このため、何か有害な行為を見た場合、私たちは、自分の中に自然に沸き起こってくる憤慨を胸中の公平な観察者の抑制された憤慨に一致させようとする。被害者に対する同情から、あるいは自分の特殊な経験から、加害者に対して激しい憤《いきどお》りが沸くことがあったとしても、私たちは、処罰は怒りにまかせて行なわれるべきではなく、冷静で公平な判断にもとづいて行なわれるべきだと思う。

このように、私たちは、慈恵は一般的諸規則に厳密にしたがうべきだとは考えないのに対し、正義は一般的諸規則に厳密にしたがうべきだと考える。このため、私たちは、慈恵に関して正確な社会的ルールを作らないのに対し、正義に関しては正確な社会的ルールを作る。

たとえば、友人の誕生日にいくらのプレゼントをあげればよいか。三千円だろうか、五千円だろうか、それとも一万円だろうか。このような問題に対して、私たちは厳密な社会的ルールを作らない。私たちは、プレゼントの金額は状況に応じて各人が判断すればよいと考えるからである。友情だけでなく、寛容、人間愛、親切、同情にもとづく行為に関しても、何をどこまでするのが最も適切かということについて、私たちは厳密な社会的ルールをもたない。もちろん、結婚式やお葬式、お中元やお歳暮など、儀礼的な行為に関しては、社会に通用するルール、あるいは慣習がなくもない。しかしながら、それらのルールや慣習は曖昧《あいまい》であり、また、それらは、あくまでも儀礼的な行為に適用されるのであって、純粋な慈恵に適用されるわけではない。

一方、正義に関して、私たちは厳密な社会的ルールを作る。普通の社会は、他人の生命、身体、財産、名誉を侵害する行為に対する処罰に関して、厳密で普遍的なルール、すなわち「法」を定めている。処罰の重さは時代や国によって異なるものの、ほとんどの社会は、殺人、傷害、強盗、窃盗、名誉毀損《きそん》に対する処罰の法をもっている。そして、社会の発展とともに、法の整備も進んできたといえる。こうして、慈恵と正義のうち、正義だけが法という厳密で強制力をともなう形で制度化されたのである。スミスは次のように述べる。

自然は人類に対して、報償に値すると意識することの喜びによって、慈恵の諸行為を勧める。しかし、自然は慈恵の実践を、それが無視された場合における正当な処罰への恐怖によって守り、強制することが必要だとは考えなかった。慈恵は建物を美しくする装飾であって、建物を支える土台ではなく、したがって、それは勧めれば十分であり、決して押しつける必要はないのである。反対に、正義は大建築の全体を支える主柱である。もしそれが除去されるならば、人間社会の偉大で巨大な組織は、一瞬にして諸原子となって砕《くだ》け散るにちがいない。（『道徳感情論』二部二編三章）

スミスは、社会を支える土台は正義であって慈恵ではないと考える。もちろん、慈恵的な社会は、そうでない社会よりも快適な社会である。しかし、社会を維持し、存続させるために不可欠なのは、慈恵ではなく正義なのである。社会の構成員が、他人の利益を増進しようとしなくても、他人の生命、身体、財産、名誉を傷つけないことをしっかりと守りさえすれば、社会は存続する。逆に、たとえ少数の人が非常に慈恵的であったとしても、社会の構成員の多くが正義を軽視するならば、社会は崩壊するであろう。したがって、慈恵は望ましいものとして勧められれば十分であるが、正義は守るべきものとして強制されなければならない。

私たちは、社会秩序にとって正義が不可欠であると考えて法を定めるわけではない。正義を駆り立てる憤慨を本性的に嫌うために、法によって憤慨を制御しようとするにすぎない。また、私たちが法にしたがうのは、自分が非難に値する者になりたくないと思うからである。しかしながら、私たちが、このような動機から法を定め、それを遵守《じゅんしゅ》することによって、私たちは平和で安全な生活を営むことができるのである。

5　社会秩序に関するスミスの見解

完全な社会秩序は可能か

「社会秩序を導く人間本性は何か」という問題に対するスミスの説明は次のように要約できる。スミスは、人間は他人の感情や行為に関心をもち、それに同感する能力をもつという仮説から出発する。同感を通じて、各人は胸中に公平な観察者を形成し、自分の感情や行為が胸中の公平な観察者から称賛されるもの、少なくとも非難されないものになるよう努力する。しかしながら、人間には胸中の公平な観察者の声を無視しようとする弱さがある。そこで、人間は、胸中の公平な観察者の判断にしたがうことを一般的諸規則として設定し、それを顧慮する感覚、すなわち義務の感覚を養う。特に正義については、それを駆り立てる憤慨を制御するために法を定める。法と義務の感覚によって社会秩序が実現する。

スミスの説明に対して注意すべき点が三つある。第一に、スミスは、社会秩序は人間によって意図されたものだとは考えていない。スミスは、社会秩序を、「自然の特別で愛情に満ちた配慮」であると言う。この場合、「自然」とは、種《しゅ》としての人類の保存と繁栄を促す「自然の摂理」と解釈してよいであろう。スミスにとって、社会秩序は、このような「自然」によって意図されたものであり、人間は「自然」の「見えざる手」に導かれて行動するにすぎない。

第二に、スミスは、人間を社会秩序に導くのは、人間の中にある諸感情の作用であると考えた。正義は、有害な行為を受けた人の「憤慨」に対する私たちの同感にもとづいている。また、私たちが正義を法の形にするのは、憤慨という感情に対して私たちが本性的にもつ「嫌悪」のためである。さらに、私たちが正義の法にしたがうのは、他人や胸中の公平な観察者の非難に対する「恐怖」のためである。憤慨、嫌悪、恐怖、これらは、すべて人間の感情である。

第三に、スミスは、人間は一般的諸規則から逸脱する可能性をもつと考えた。人間の中には、胸中の公平な観察者の声にしたがおうとする「賢明さ」とともに、それを無視しようとする「弱さ」がある。したがって、正義の法を定めたとしても、人間の中には、法を犯そうとする者がいるであろう。あるいは、権力の座にある人間が、公平な観察者が是認しないような法律を作るかもしれない。私たちが完全な人間になれないように、社会も完全な秩序を形成することはできない。

社会秩序は、人間がそれを意図しないにもかかわらず、人間の諸感情の作用によって形成される。しかし、人間の中にある「弱さ」のため、「自然」が意図する完全な社会秩序は、これまでのところ実現したことがない。スミスは、社会秩序をこのようなものとしてとらえていたといえる。

註

1　この文章は『道徳感情論』の第二版（三部二章）においてつけ加えられたものであるが、第六版では削除された。

2　私たちは、他人の行為が胸中の公平な観察者の行為に完全に一致しなければ是認しないというわけではない。それが胸中の観察者の行為に、ある程度近ければ是認する。そして、是認のための「近さの程度」は、行為を胸中の観察者の行為に完全に一致させることの困難さ、行為をかき立てる感情の種類に依存する。たとえば、私たちは、身内を亡くした人の悲しみの表現が通常の程度を超えたものであっても、それを是認する。私たちは、悲しみを抑制することが困難であることを知っているからである。反対に、就職が決まった人の喜びの表現が、あまりにも露骨である場合、私たちは、喜びの表現を抑制することを望む。喜びを抑制することは、悲しみを抑制することと比べれば、はるかに容易であることを知っているからである。スミスが採用する是認の基準については、『道徳感情論』一部一編五章を見よ。

3 『道徳感情論』二部一編五章。

4 その他、スミスは、特別な感謝や称賛が個人に与えられない事例として、誰かに恩恵を与えた集団の構成員、戦う機会をもてなかった将軍などを挙げる。『道徳感情論』二部三編二章を見よ。

5 『道徳感情論』三部二章。スミスは、第二審の裁判官（胸中の公平な観察者）も、時として、第一審の裁判官（世間）の声に影響されて、不公正な判決を下すことがあることを認める。この場合、失意と苦難の中に置かれた人間は、第三審、つまり神の裁きを求め、来世において自分が救われることを願う。このように、スミスは、宗教の起源を、世間と胸中の公平な観察者の判決に対する人間の不満に見る。

6 「謀殺者のベッドに出没すると想定される恐怖、墓から出てきて、自分たちに時ならぬ最後をとげさせた人びとへの復讐を要求するのだと迷信が想像する幽霊は、すべてその起源を、殺害された人の想像上の憤慨に対する、この自然な同感にもっているのである」（『道徳感情論』二部一編二章）。

7 『道徳感情論』三部三章。

8 『道徳感情論』の第五版までは、「ストア哲学について」という独立した章が一部四編三章として設けられていた。スミスは、そこで、「ストア哲学によれば、賢人にとっては、さまざまな生活状態はすべて等しいのであった」と述べ、ストア哲学に対して、「その全体のおきての大半については、それらがわれわれに、人間本性の到達点をまったく超えた完成をめざせと教えるという、名誉ある反対を除けば何の反対もありえない」と述べている。しかし、第六版でつけ加えられた章のひとつ（三部三章）において、スミスは、身近な人に対する愛情が過度になることを禁ずるストア哲学に対して、「そういう場合には、ストア的無感動は、決して快適なものではなく、それを支えている形而上学的詭弁は、［中略］何の目的にもめったに役だちえない」と批判している。ストア派が描く賢人と違って、スミスが描く賢人は、自分への根拠のない非難を避けようとするとともに、他人のためには多くを感じようとする人だといえる。

9　『道徳感情論』三部六章。

第二章　繁栄を導く人間本性

1　野心と競争の起源

『道徳感情論』は、社会秩序を導く人間本性は何かということだけでなく、社会の繁栄――富と人口の増大――を導く人間本性は何かということについても論じている。スミスは、社会秩序と同様、社会の繁栄も同感という人間本性によって導かれると考える。

悲哀と歓喜に対する同感の違い

スミスによれば、人間は悲哀よりも歓喜に同感したいと思う傾向をもつ。喜びは同感して楽しい感情であり、悲しみは同感すると苦しくなる感情だからである。私たちは、何かよいことがあって喜んでいる人を見るとき、嫉妬《しっと》のせいで他人の歓喜に同感できないことがある。しかしながら、胸中の公平な観察者は嫉妬を見苦しい感情として否認するので、私たちは嫉妬を抑えようとする。嫉妬を乗りこえることができるならば——あるいは、最初から嫉妬が起こらなければ——私たちは、進んで他人の歓喜に同感する。そして、同感の程度は他人が現に感じている歓喜の程度にかなり近いものになる。一方、他人の悲しみを見るとき、私たちは他人の悲しみを自分も感じなければならないと思う。しかしながら、私たちは他人の悲しみに同感することをためらい、同感したとしても、通常、その程度は他人が現に感じている悲哀の程度に及ばない。

このことは、誰かの結婚式に行くときの気分と葬式に行くときの気分の違いを比べてみればわかるだろう。ふつう、私たちは結婚式には行きたいと思うが、葬式には行きたいとは思わない。もちろん、自分の親しい人、世話になった人の葬式には参列したいと思うであろう。しかし、それでも、親しい人、世話になった人の結婚式に行く場合と比べれば、私たちの足取りは重くなるであろう。結婚式では祝福と歓喜を見ることが予想され、自分も一緒に喜ぶことが想像される。葬式では追悼《ついとう》の意と悲哀を見ることが予想され、自分も一緒に悲しまなくてはならないことが想像される。歓喜への同感は私たちに快楽をもたらすが、悲哀への同感は私たちに苦痛をもたらす。このため、私たちは、他人と一緒に悲しむことよりも、他人と一緒に喜ぶことの方を好むのである。

富と地位への野心

富は人間を喜ばせ、貧困は人間を悲しませる。富は便利であり、貧困は不便だからである。このことから、富は歓喜をイメージさせ、貧困は悲哀をイメージさせる。富だけでなく、高い社会的地位も歓喜をイメージさせ、低い社会的地位は悲哀をイメージさせる。私たちは、自分が富者になれば、あるいは高い地位につけば、他人は自分の歓喜に同感し、自分の富や地位を称賛するだろうと想像する。反対に、私たちは、自分が貧者になっても、あるいは低い地位の人間になっても、他人は自分の悲哀に容易には同感してくれず、自分を避け、無視し、軽蔑するだろうと想像する。他人の同感や称賛は、富や地位の快適さとともに私たちを喜ばせ、他人から同感されないこと、無視されることは、貧困や低い地位の不便さとともに私たちを苦しめる。このようにして、私たちは便利さや快適さだけでなく、他人からの同感を得るために、富や高い地位を求め、貧困や低い地位を避けようとする。スミスは次のように述べる。

人類が、悲哀に対してよりも歓喜に対して全面的に同感する気持ちをもっているために、われわれは自分の富裕をみせびらかし、貧困を隠す。［中略］この世のすべての苦労と騒ぎは何を目的とするのか。貪欲《どんよく》と野心の、富、権力、および優越の追求の目標は何であるのか。それは自然の必要を満たすためであるのか。最も貧しい労働者の賃金でさえ自然の必要を満たすことができる。その賃金が彼に食料と衣服と住宅、および家族という快適さを提供するのを、われわれは見ている。［中略］それでは、人びとのさまざまな身分のすべてにわたって行なわれる競争は、どこから生じるのであろうか。そして、われわれが自分の境遇の改善と呼ぶ人生の大目的によって意図する利益は何であろうか。観察されること、同感と好意と明確な是認とをもって注目されることが、われわれが自分の境遇の改善から引き出すことを意図する利益のすべてである。単なる安楽または喜びではなく、虚栄が、われわれの関心を引くのである。（『道徳感情論』一部三編二章）

もしも、私たちが、無人島に一人で暮らすならば、私たちは、綺麗《きれい》な服を着たい、立派な家に住みたい、あるいは豪華な食事をとりたいとは思わないであろう。身を守る服、寒さや雨露をしのぐ家、健康を維持する食事があれば、あとは働かないで気楽に暮らしたいと思うであろう。他人の目がなければ、綺麗な服も、立派な家も、豪華な食事も、私たちにとって大きな意味をもたないのである。

しかしながら、集団生活を営むようになると、私たちは、生活にとって必要な水準以上の富、そして社会的地位を求めるようになる。私たちが富と地位への「野心」(ambition)をもつのは、富や地位の便利さ、快適さのためだけではなく、それらを手にすることによって得られる他人からの同感や称賛、あるいは尊敬や感嘆のためである。スミスは、このような野心の動機を「虚栄」(vanity)と呼ぶ。虚栄とは、自分の本当の値うち、すなわち胸中の公平な観察者が自分に与える評価よりも高い評価を世間に求めることである。[1] 私たちは、自分が富や地位に値する人物になるよりも前に、それらを獲得することを欲するのである。富と地位に値することよりも、それらに与えられる世間からの称賛を優先させるといってもよい。私たちは、このような虚栄にもとづいて、より大きな富とより高い地位、そして他人よりも大きな富と高い地位を手に入れようという野心をもつのである。

個人のこのような行動は、かぎられた富と地位の獲得をめぐって、個人間で競争を生じさせるであろう。競争は、人間が孤立して生活するならばもたなかった野心——虚栄心——を集団生活の中でもつことによって引き起こされる。社会秩序の基礎と同様、野心と競争の起源は、他人の目を意識するという人間の本性にあるといえる。

2　幸福とは何か

では、私たちは競争に勝って、大きな富や高い地位を獲得すれば幸せになれるのだろうか。逆に競争に負けて、それらを獲得できなければ不幸になるのだろうか。もしも、それが本当ならば、競争社会の人間の大半は、不幸な人生を送らなければならないであろう。スミスは、人間にとって本当の幸福は何だと考えていたのだろうか。富と地位への野心をもって生きる「貧乏な人の息子」の物語は、スミスの幸福観を教えてくれる。

貧乏な人の息子の物語

貧乏な人の息子は、周囲を見回しはじめたとき、裕福な人びとの状態に感嘆する。彼は、自分の父の小屋が安住の場所としては小さすぎると思い、大邸宅でもっと気楽に暮らすことを空想する。彼は、歩いたり馬に乗る疲労に耐えなければならなかったりすることを不快に思う。彼は、自分よりも身分の高い人びとが乗物で往来するのを見て、それらの乗物のどれかに乗って自分がもっと便利に旅行できたらと想像する。彼は、自分が生まれつき怠惰《たいだ》で、自分のことにできるだけ自分の手を使いたくない人間だと感じる。そして、無数の召使いからなる従者団があれば、彼らは自分を多くの面倒から解放してくれるだろうと思う。彼は、もし自分がこれらのすべてを達成したならば、満足して静坐《せいざ》していることができるだろうし、自分の境遇の幸福と平静を思って楽しく心穏やかにしていることができるだろうと考える。彼は、この至福についてのおぼろげな幻想に、うっとりとする。彼の空想の中で、それは、優れた身分の人びととの生活であるように見える。そして、それに到達するために、彼は富と地位の追求に永遠に自己を捧《ささ》げるのである。

これらのものが提供する便利さを獲得するために、彼は、その努力の最初の一年、否、最初のひと月は、これらのものがないことによって自分が生涯にわたって被《こうむ》っただろうよりも大きな肉体の疲労と精神の不安を甘んじて受ける。彼は、何かの骨の折れる職業において、自己をきわだたせようと苦心する。たゆまぬ勤勉さをもって、彼は、自分のすべての競争者に優る才能を獲得するために日夜働く。

次に彼は、それらの才能を公共の目に触れるようにするために努力し、等しい熱意をもって、あらゆる就職の機会を求める。この目的のために、彼は、すべての人びとに対して機嫌をとる。彼は自分が憎悪する人びとに奉仕し、自分が軽蔑する人びとにへつらう。彼の全生涯にわたって、彼は、自分が決して到達しないかもしれない人為的で優雅な憩《いこ》いの幻想を追求し、そのために彼は、いつでも力のおよぶ範囲にある真実の平静を犠牲にするのである。

そして、彼は、もし彼が老齢のきわみにおいて、その幻想に到達するとしても、彼がそのかわりに放棄した、あのささやかな安全と満足に、いかなる点でも優っていないことを知るだろう。そのとき、すなわち、生涯も最後の数年になって、彼の肉体が苦労と病気で衰弱し、彼の精神が、自分の敵たちの不正あるいは自分の味方たちの背信と忘恩によって受けてきたと想像される無数の侵害と失望の記憶のためにいらだち怒っているとき、彼はついに、自分の富と地位が取るに足りない効用をもつ愛玩物《あいがんぶつ》にすぎず、肉体の安楽と精神の平静を保つためには、玩具の愛好者がもつ小間物箱以上に適してはいないこと、そしてまたそれらの小間物箱と同様に、身につけて持ち運ぶ人にとっては、それらが彼に提供しうるすべての利点の便利さを超えて、煩《わずら》わしいものであることを悟《さと》りはじめるのである。

（『道徳感情論』四部一章）


この物語に登場する「貧乏な人の息子」は、自分よりも優れた身分の人びとの生活に憧れ、富と地位を獲得するために全生涯を捧げる。彼は、勤勉に働くだけでなく、憎悪する人びとに奉仕し、軽蔑する人びとにへつらう。こうして、彼は、いつでも力のおよぶ範囲にある真実の平静を犠牲にする。しかし、彼が実際に富と地位を手に入れてしまうと、彼は、それらが取るに足りない愛玩物以上の満足を与えてくれないことを知る。この主人公が、富と地位に対して与えられるはずの他人からの称賛に満足している様子はない。それどころか、彼は、他人からの不正、背信、忘恩、侵害のために、失望し、いらだち、怒っている。彼の境遇は幸福からはほど遠いといえる。この物語は、富と地位によって、貧乏な父よりも幸福な生活を送ろうとした息子の夢が幻想でしかなかったことを示す。この物語の後に続く文章で、スミスは、私たちは、健康なとき、元気なときには、富と地位の優雅さに魅惑され、それらの獲得が自分の苦労と懸念《けねん》のすべてに十分値すると想像し、満足すると論じている。しかしながら、スミスは、富や地位が個人に不変の幸福を与えるとは決して述べない。

別の箇所で、スミスは、失脚した政治家が、いつまでも政界復帰の夢を捨てきれず、余生を悶々とした思いで過ごす話を例に、地位のあることに慣れた人、あるいは地位を求めることに慣れた人が、それ以外に喜びを求めることができなくなることを示す。そして、次のように述べる。

あなた方は、自分の自由を宮廷《きゅうてい》の尊大な奴隷となることと決して交換することなく、自由に、恐れず、独立して生きようと真剣に決意しているだろうか。この高邁《こうまい》な精神を継続させるには、ひとつの方法があるように思われ、おそらく、そのひとつしかないように思われる。それは、あのようにわずかな人だけしか帰ってくることができなかった場所に決して入ってはならないということだ。すなわち、野心の領域に決して立ち入ってはならないということだ。（『道徳感情論』一部三編二章）

このように、スミスは、私たちに、政治的野心の領域に立ち入ってはならないと警告する。貧乏な人の息子の物語とあわせて考えるならば、スミスは、真の幸福は富や地位の獲得にはなく、それらを熱心に求めることは個人の人生をむしろ不幸にすると考えていたといえる。

幸福と平静

それでは、真の幸福とは何であろうか。スミスは、幸福を次のように定義する。

幸福は平静［tranquility］と享楽《きょうらく》［enjoyment］にある。平静なしには享楽はありえないし、完全な平静があるところでは、どんなものごとでも、ほとんどの場合、それを楽しむことができる。（『道徳感情論』三部三章）

スミスにとって幸福とは心が平静なことである。貧乏な人の息子は、富と地位を獲得するために、「いつでも力のおよぶ範囲にある真実の平静」を犠牲にした。また、いつまでも政界に返り咲くことを願う失脚した政治家も、心の平静を犠牲にして生きている。いずれも、心の平静を保つためには何が必要十分であるかを知らないために、富や地位を求めすぎているのである。では、心を平静に保つために必要十分なものは何だとスミスは考えたのだろうか。

健康で、負債がなく、良心にやましいところのない人に対して何をつけ加えることができようか。この境遇にある人に対しては、財産のそれ以上の増加はすべて余計なものだというべきだろう。そして、もし彼が、それらの増加のために大いに気分が浮き立っているとすれば、それは最もつまらぬ軽はずみの結果であるにちがいない。(『道徳感情論』一部三編一章)

スミスは、心の平静のためには、「健康で、負債がなく、良心にやましいところがない」ことが必要であると考える。そして、この状態にあれば、財産の追加は余計なものだと言う。では、財産や収入は、まったくなくてもよいとスミスは考えるのだろうか。そうではない。この文章は、健康を維持し、負債を作る必要がなく、良心の呵責を感じるような行為(すなわち犯罪）をしなくてもよい程度には収入が必要であると読むことができる。つまり、その社会で最低限必要だとされる収入――これを「最低水準の富」と呼ぼう――はなければならないのだ。スミスは、最低水準の富が得られない場合、人は悲惨な状態に陥ると考える。

この状態［健康で、負債がなく、良心にやましいところがない状態］につけ加えうるものは、ほとんどないにしても、それから取り去りうるものは多い。この状態と人間の繁栄の最高潮との間の距離は取るに足りないとはいえ、それと悲惨のどん底との間の距離は無限であり巨大である。（『道徳感情論』一部三編一章）

最低水準の富がない、つまり貧困の状態にあることが、なぜ悲惨なのか。もちろん、不便な生活を送らなければならないからである。しかし、それだけではない。その社会で最低限必要だとされる収入を得られない状態にある人びとの悲しみや苦しみに対し、私たちは、同感しようとしない。私たちは、貧しい人を軽蔑し、無視する。このことが、貧困の状態にある人びとをいっそう苦しめる。

貧乏な人は、［中略］彼の貧困を恥じる。彼は、それが自分を人類の視野の外に置くこと、あるいは、他の人びとがいくらか自分に注意したとしても、自分が堪《た》え忍《しの》んでいる悲惨と困苦について、彼らが、いくらかでも同胞感情をもつことはめったにないということを知っている。彼は「貧困と無視という」双方の理由で無念に思う。無視されることと否認されることとは、まったく別のものごとなのではあるが、それでもなお、無名であることが名誉と他人からの是認という日の光を遮るように、自分が少しも注意を払われていないと感じることは、必然的に人間本性の最も快適な希望をくじき、最も熱心な意欲を喪失させる。(『道徳感情論』一部三編二章)

自分は世間から無視され、あるいは軽蔑されていると思うことは、人間の希望をくじき、心の平静を乱す。無感覚にならないかぎり、あるいは社会との関係を完全に断ち切らないかぎり、私たちは、自尊心を傷つけながら生きていかなければならない。人間にとって、これほど辛《つら》く惨《みじ》めな状態はないであろう。心の平静を得るためには、最低水準の収入を得て、健康で、負債がなく、良心にやましいところがない生活を送らなければならない。しかし、それ以上の財産の追加は幸福を大きく増進するものではない。以上がスミスの幸福論である。

富と幸福の関係

富と幸福の関係に関するスミスの議論は、図２－１によって示すことができる。図の横軸は富の量を、縦軸は幸福の程度を表す。折れ線ＡＢＣＤは、前章で論じた「賢人」が予想する富と幸福の関係を表す。一方、「弱い人」が予想する富と幸福の関係は折れ線ＡＢＣＥによって表される。点Ｃに対応する富の水準は、最低水準、つまり、その社会において、「健康で、負債がなく、良心にやましいところがない」状態で生活できる富の水準を示す。最低水準を下回る富の状態は貧困の状態である。それは、社会の最下層の労働者として収入を得ることすらできない状態であり、失業者、浮浪者の状態であると見ることができる。

図２－１　富と幸福の関係

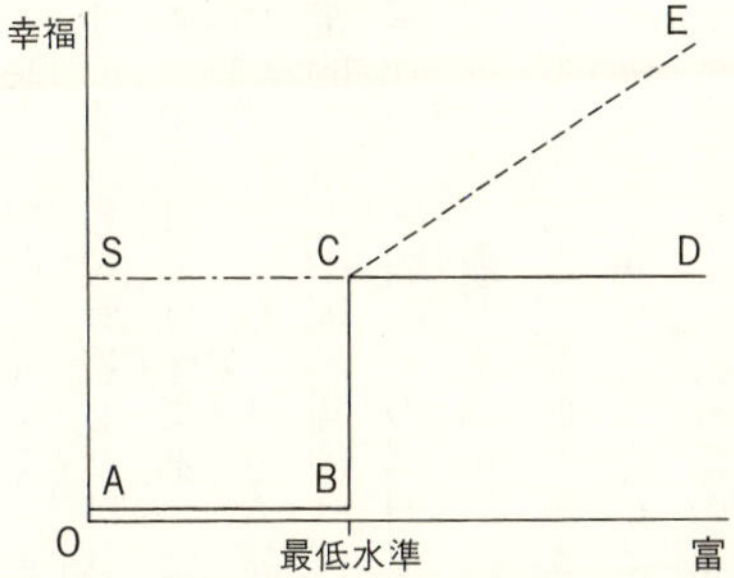

「賢人」は、最低水準の富さえあれば、それ以上の富の増加は自分の幸福に何の影響ももたらさないと予想する。線分ＣＤが水平に描かれているのは、このことを表す。一方、「弱い人」は、最低水準の富を得た後も、富の増加は幸福を増大させると考える。富を得ることによって、生活の快適さが増すとともに、他人からの称賛が得られると考えるからである。したがって、線分ＣＥは右上がりになる。しかしながら、貧乏な人の息子の物語で示されるとおり、豪華な食事も、美し

い衣装も、立派な邸宅も、実際に手に入れてみると、取るに足りない効用をもつ愛玩物にすぎず、それらを管理しなければならない煩わしさを私たちに背負わせるだけであることがわかる。得られるはずであった称賛も背信と忘恩にかわり、私たちを、いらだたせるかもしれない。このように、大きな富を獲得したとしても、実際には、幸福はほとんど増加しない。事後的な富と幸福の関係は、賢人が予想するとおり、線分ＣＤになる。線分ＣＤと線分ＣＥのギャップは弱い人の「幻想」を表す。

「賢人」は、最低水準を超える富の増加は幸福に影響しないと考える。しかしながら、「賢人」であっても、最低水準を下回る富しか得られない場合、幸福は極端に低下し、悲惨な状態に陥ると予想する。点Ｃに対応する状態と、それよりも貧しい状態の違いは、無限であり巨大であるのだ。折れ線の屈折部分ＡＢＣは、このことを表す。ストア哲学が考える賢人であれば、富と幸福の関係は直線ＳＣＤになるであろう。なぜなら、ストア哲学の賢人にとって、あらゆる状況は等しいのであり、賢人は、あらゆる場合において不動の精神を保つからである。[2] 一方、前章で論じたように、スミスが考える「賢人」は、世間から称賛されることを無視することはできても、世間から非難されることに対しては動揺する。世間は貧困の状態にある人を露骨《ろこつ》に非難することはなくても、その人を軽蔑し、無視しようとする。「弱い人」と同様、「賢人」にとっても、貧困を理由に、世間から軽蔑され、無視されることは苦痛なのである。

しかしながら、個人が貧困を避けることができるか否かは、勤勉や節約など、個人の努力だけに依存するのではなく、個人にとっては偶然の出来事によっても影響される。そして、偶然の出来事の中には、自分が属する社会の経済が、全体として発展しているか、停滞しているか、あるいは衰退しているかということも含まれる。経済が発展している社会では、雇用も増大し、多くの人びとが最低水準以上の富を手にすることができるであろう。また、富の最低水準自体が上昇する傾向をもつであろう。反対に経済が衰退している社会では、失業が増え、最低水準の富を手にできない人の数が増えるであろう。このように、経済の発展は、貧困の状態にある人びと――線分ＡＢの間にいる人びと――の数を減らすという重要な意味をもつ。

3　野心と経済発展

「弱さ」の役割

では、経済はどのような仕組みによって発展するのであろうか。この問題は、『国富論』で詳細に検討されるのであるが、『道徳感情論』でも少しだけ論じられている。実は、経済を発展させるのは「弱い人」、あるいは私たちの中にある「弱さ」である。「弱い人」は、最低水準の富をもっていても、より多くの富を獲得して、より幸福な人生を送ろうと考える。そのような野心は幻想でしかなく、個人の幸福の程度は、富の増加の後と前で、ほとんど変わらないので、「弱い人」は、だまされることになる。しかしながら、スミスは、そのような「欺瞞」が経済を発展させ、社会を文明化する原動力になると考える。

自然がこのようにしてわれわれをだますのは良いことである。人類の勤労をかき立て、継続的に運動させるのは、この欺瞞である。最初に人類を促して土地を耕作させ、家屋を建築させ、都市と公共社会を建設させ、人間生活を高貴で美しいものとするすべての科学と技術を発明改良させたのはこれなのであって、地球の全表面を大きく変化させ、自然のままの荒れた森を快適で肥沃《ひよく》な平原に転化させ、人跡未踏で不毛の大洋を、生活資料の新しい資源とし、地上のさまざまな国民への交通の公道としたのは、これなのである。人類のこれらの労働によって、土地はその自然の肥沃度を倍加させ、前よりも多数の住民を維持するようになった。(『道徳感情論』四部一章)

スミスによれば、文明が進歩し、人類が物質的に豊かになるのは、富に対する人間の野心があるからである。孤立して生活している場合にはもたなかった野心、すなわち虚栄心をもつことによって、人間は、勤勉に働き、技能を磨《みが》き、収入を節約する。その結果、土地が開《かい》墾《こん》され、海洋が開発され、都市が建設される。自然への働きかけによって、より多くの生活必需品が生産され、より大きな人口を養うことができるようになる。このようにして経済が発展し、文明社会が形成される。個人は、文明社会の発展に貢献したいという公共心にもとづいて活動するわけではなく、自分のために富と地位を求めるにすぎないのだが、知らず知らずのうちに、社会の繁栄を推し進めるのである。

必需品の分配の仕組み

経済が発展し、社会が文明化するにつれて、より多くの生活必需品が生産される。しかし、それらは、本当に、より多くの人口を養うように分配されるのであろうか。文明社会においては、大きな富を獲得した人が生活必需品も独り占めしてしまい、他の人びとが生活していけなくなるのではないか。未開の状態、貧しいながらも生活必需品を平等に分け合っていた平和な状態は、文明化によって破壊されてしまうのではないか。

このような疑問に対して、スミスは、文明社会においても生活必需品は社会構成員の間で平等に分配されることを示す。スミスは、土地をもたない人びとが、広大な土地をもつ一人の地主から生活必需品の分け前を引き出す仕組みについて次のように述べる。

高慢で無感覚な地主が、彼の広い畑を眺め、同胞たちの欠乏については少しも考えないで、そこに成育した収穫物のすべてを想像の中で自分で消費してみても、まったく無駄である。［中略］彼の胃の能力は、彼の欲求の巨大さに対して、まったく釣り合いをもたないのであって、最も貧しい農民の胃よりも多くを受けいれはしないだろう。残りを彼は、彼自身が消費する収穫物を最もみごとなやり方で調理し、食事を準備する人びととの間に、あるいは地位ある人びとの家計において購入される、さまざまなつまらぬ飾りや愛玩物のすべてを供給し整頓《せいとん》する人びととの間に分配せざるをえない。こうして彼らは、地主の奢侈《しゃし》と気まぐれから生活必需品の分け前を引き出す。彼らは、その分け前を地主の人間愛または正義に期待しても無駄であっただろう。

土壌《どじょう》の生産物は、あらゆる時代に、それが維持しうるものに近い数の住民を維持する。裕福な人びとは、ただ、生産物の集積の中から最も貴重で快いものを選ぶだけである。裕福な人びとが消費するのは、貧乏な人びとよりも多いというわけではない。そして、裕福な人びとの生まれつきの利己性と貪欲にもかかわらず、彼らは、自分たちのすべての改良の成果を貧乏な人びとと分け合うのである。［中略］彼らは、見えざる手に導かれて、大地がそのすべての住民の間で平等な部分に分割されていた場合になされただろうのと、ほぼ同一の生活必需品の分配を行なうのであり、こうして、それを意図することなく、それを知ることなしに社会の利益を推し進め、種の増殖に対する手段を提供するのである。
（『道徳感情論』四部一章／傍点は引用者による）

この箇所は、『道徳感情論』の中で「見えざる手」（invisible hand）という言葉が使われる唯一の箇所である。スミスの議論を説明すると以下のようになる。広大な土地が一人の地主によって所有されていたとする。その土地から生活必需品、たとえば小麦が得られるとしよう。収穫される小麦のほとんどは地主のものである。地主と彼の家族が一定期間に消費できる小麦の量には限度があるので、多くの小麦が消費されないで残ることになる。地主が、残った小麦を倉庫にしまうのであれば、小麦は他の人の手にはわたらないであろう。しかしながら、地主には虚栄心がある。地主としてふさわしい生活をしたい、快適で、優雅で、他人から羨《うらや》まれる生活をしたいという虚栄心である。そのため、地主は、余った小麦を使って、多くの召使いを雇うとともに、豪華な調度品、綺麗な衣装、贅沢《ぜいたく》な料理など、奢侈品を購入する。その結果、地主に召使いとしてのサービスを提供する人びと、および地主に奢侈品を供給する人びとに小麦が支払われる。小麦の生産量が全住民を維持するのに十分なものであるならば、各人は生きていくために必要最低限の量の小麦を確保するであろう。このようにして、土地をもたない人も最低水準の生活必需品を手に入れることができる。

奢侈品と生活必需品を合わせた富全体の分配という視点から見れば、地主だけが奢侈品を消費し、その他の人びとは奢侈品を消費できないという不平等がある。しかし、生活必需品の分配という視点からみれば、地主と、その他の人びとの間には差はない。その分配は、もしも土地が住民の間で均等に分割され、所有されていたならば、なされていただろう分配である。スミスの幸福論と合わせて考えるならば、人間は最低水準の富さえあれば幸福に暮らすことができ、それ以上の富の増加は幸福に影響しないのであるから、生活必需品が平等に分配されるということは、幸福が平等に分配されるということである。このように、地主の利己心と貪欲によって幸福が人びとの間に平等に分配される。スミスは、ここでは、この仕組みを「見えざる手」と呼んだのである。

このように、文明社会は、一方で、より多くの奢侈品を生産するが、他方で、生活必需品も増産し、それを、より多くの社会構成員に分配する。その結果、貧困の状態にある人の数を減らすことが可能となる。「弱い人」――スミスの例では、高慢で無感覚な地主――は、より多くの奢侈品を手にすることによって幸福になろうとする。彼の野心は、幻想であり、欺瞞でしかない。しかしながら、この「弱い人」の野心によって、経済は発展し、貧困は減少し、社会は繁栄するのである。

4　徳への道と財産への道

尊敬と感嘆を獲得する二つの道

スミスは、人間が富や地位に対する野心をもつことは、社会の繁栄という有益な結果だけをもたらすと考えたのであろうか。そうではない。スミスは、「席次は、人間生活における努力の半分の目標なのであり、そして、貪欲と野心がこの世に導入したすべての騒乱と動揺、すべての強奪《ごうだつ》と不正の、原因なのである」（『道徳感情論』一部三編二章）と述べる。「席次」(place) とは、自分が所属する社会において、自分が占める相対的な位置、すなわち「ランク」を意味する。人間は、より高いランクに到達するために、富や地位を求め、そのために騒乱、動揺、強奪、そして不正を引き起こすとスミスは考える。

富と地位に対する野心は、社会の繁栄を推し進める一方、社会の秩序を乱す危険性がある。社会の秩序が乱れれば、社会の繁栄も維持できないであろう。では、どのような野心ならば許され、どのような野心は許されないのであろうか。この問題を考察するために、スミスが『道徳感情論』第六版で新たにつけ加えた章（一部三編三章）において論じた「徳への道」

(road to virtue) と「財産への道」(road to fortune) について検討しよう。

スミスは、世間の尊敬と感嘆を得るためには、二つの違った道、「徳への道」と「財産への道」があることを示す。

人類の尊敬と感嘆に値し、それを獲得し享受《きょうじゅ》することは、野心と競争心の大きな目標である。それほど熱心に求められているこの目標に等しく到達する二つの違った道が、われわれに提示されている。ひとつは英知の探求と徳の実行によるものであり、もうひとつは富と地位の獲得によるものである。(『道徳感情論』一部三編三章)

世間は、英知 (wisdom) と徳[3] (virtue) のある人を尊敬し、愚か (folly) で悪徳 (vice) に満ちた人を軽蔑する。しかしながら、世間は、同時に、裕福な人、社会的地位の高い人を尊敬し、貧しい人、社会的地位の低い人を軽蔑し、少なくとも無視する。そして、世間にとって、英知と徳は見えにくいものであり、富と地位は見えやすいものである。そのため、世間の尊敬は、英知と徳のある人よりも、裕福な人、社会的地位の高い人に向けられがちになる。一方、各個人の胸中にいる公平な観察者は、その人の英知と徳の程度を知っている。そして、胸中の公平な観察者は、その人に「心の平静」をもたらそうとする存在であるので、その人

図2－2　徳への道と財産への道

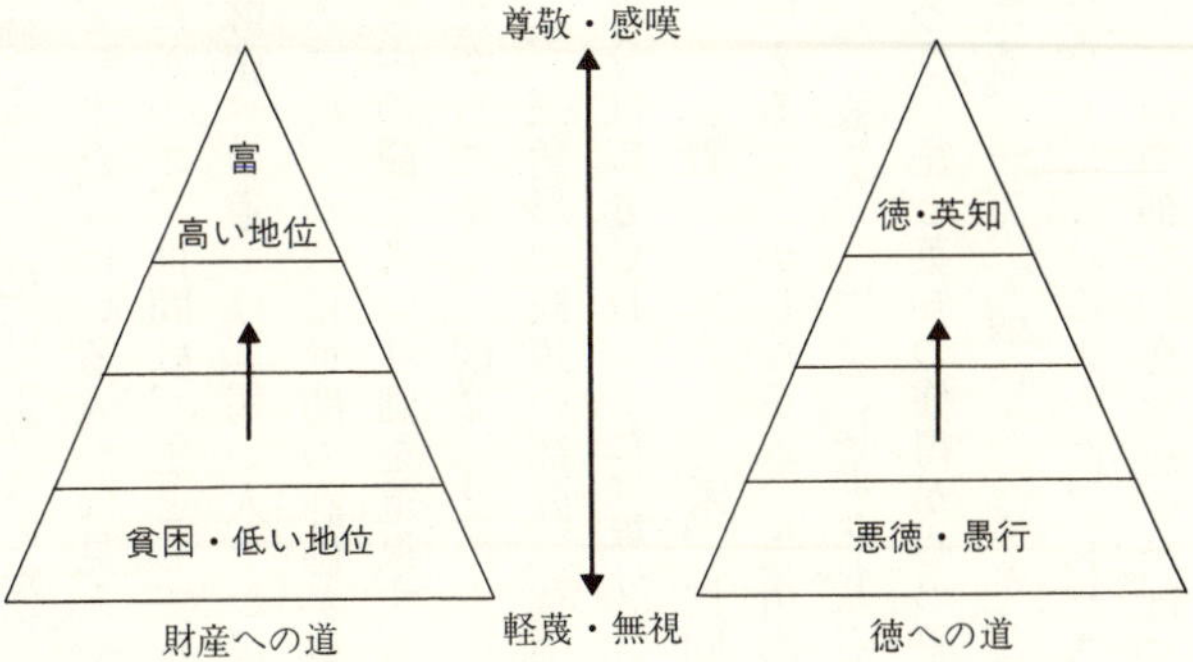

の富や地位よりも、徳と英知に対して、より大きな尊敬と感嘆を与える。このように、私たちの前には、富や地位を獲得して世間から称賛を得る道、つまり「財産への道」と、徳と英知を獲得して胸中の公平な観察者から称賛を得る道、つまり「徳への道」とが用意されている。二つの道についてのイメージは、図2－2のようになるであろう。

図において、左側の三角形は「財産への道」を、右側の三角形は「徳への道」を表す。左側の三角形の中の矢印は、私たちが、自分の人生において、「貧困・低い地位」を避け、「富・高い地位」を追い求めることを示す。右側の三角形の中の矢印は、私たちが、自分の人生において、「悪徳・愚行」を避け、「徳・英知」の獲得をめざすことを示す。二つの三角形の間にある矢印は、世間の評価を表す。世間は、「富・高い地位」と「徳・英知」には、尊敬と感嘆を与えるが、「貧困・低い地位」と

「悪徳・愚行」には、軽蔑と無視をもって応える。世間にとって、ある個人が左側の三角形のどのあたりにいる人かは見えやすく、右側の三角形のどのあたりにいる人かは見えにくい。したがって、世間は、主として左側の三角形を基準にして個人の評価を行なう傾向をもつ。「財産への道」は「弱い人」が選ぶ道であり、「徳への道」は「賢人」が選ぶ道である。「弱い人」は、つねに世間の評価を気にする人、称賛を欲し、非難を恐れる人であり、「賢人」は胸中の観察者の評価を重視する人、称賛に値することを欲し、非難に値することを恐れる人だからである。図2-2の左側の三角形に図2-1のグラフ（八三頁）を重ね合わせてみると、三角形の底辺の部分「貧困・低い地位」はグラフの線分ABに対応し、それよりも上の部分は線分CD（または線分CE）に対応する。三角形の底辺の部分では、「弱い人」はもちろん「賢人」であっても、世間からの軽蔑と無視に苦しめられ、幸福の程度は非常に低いといえる。しかしながら、三角形の、より上方の部分については、「賢人」にとって差異はない。「賢人」は、それよりも、右側の三角形で示される「徳への道」を進むことを志すであろう。徳と英知の修得が心の平静さ、すなわち真の幸福をもたらすことを知っているからである。一方、「弱い人」にとっては、より大きな富、より高い地位は、より大きな幸福をもたらしてくれるように思われる。しかし、それは幻想でしかない。このようにして、「弱い人」は幸福の幻想を追いかけて「財産への道」を行き、「賢人」は真の幸福を求めて「徳への道」を行くといえる。

普通の人間には、「弱い人」の部分と「賢人」の部分の両方があるのだから、普通の人は、「財産への道」と「徳への道」を同時に進もうとする。しかしながら、「人類のうちの大半は、富と地位の感嘆者であり崇拝者」（『道徳感情論』一部三編三章）である。世間は、見えやすい富と地位にもとづいて個人を評価する。そして、私たちは、自分の中にある虚栄心――自分を本当の値うち以上に見せようとする心――を完全に拭《ぬぐ》い去ることはできない。したがって、ほとんどの人は、「徳への道」の重要性を認めつつも「財産への道」を進むことを優先させる。

「徳への道」と「財産への道」の関係

しかしながら、私たちが「財産への道」を行くことは、必ずしも「徳への道」を放棄することではない。富や高い地位を求める過程の中で、徳や英知を身につけることができるからである。実際、富や地位を獲得するための、ひとつの有効な方法は、徳と英知を獲得することである。人類は、富と地位だけでなく、徳と英知に対しても普遍的な尊敬の念をもっており、徳と英知をもつ人が大きな富と高い地位にふさわしいと考える。私たちは、悪徳と愚行を繰り返す人にではなく、徳と英知をもつ人に、富と地位の機会と便宜《べんぎ》を与えようとする。

こうして、「財産への道」を歩むことと「徳への道」を歩むことが一致する。スミスは、この一致は、中流階級と下層階級の人びとについてはあてはまると考える。

幸福なことに、中流および下層階級の生活においては、徳への道と財産への道、少なくともそういう地位にある人びとが獲得することを期待しても妥当であるような財産への道は、たいていの場合、ほとんど同一である。すべての中流および下流の職業においては、真実で堅固な専門職の諸能力が、慎慮《しんりょ》、正義、不動、節制の行動と結合すれば成功しそこなうことはまずない。［中略］中流および下層階級の人びとは、決して法律を超えるに十分なほど有力ではありえず、法律は、一般に、少なくとも正義の諸規則のうちの重要なものに対しては、ある種の尊敬をもつように彼らを威圧するにちがいない。そのような人びとの成功はまた、ほとんどつねに、彼らの隣人と同輩の好意と評判に依存するし、規則正しい行動がなければ、それらを得ることはできない。したがって、正直は最良の方策だという昔からのことわざは、このような境遇にある人びとについては、ほとんど完全な真理としてあてはまる。（『道徳感情論』一部三編三章）

中流および下層の人びとの多くは、「財産への道」を歩むことによって、「徳への道」を歩むことになり、英知と徳、特に慎慮、正義、不動、節制の徳を身につけるようになる。したがって、商業が発達して、より多くの人びとがビジネスに携わるようになれば、これらの徳が社会に広まることになる。

これに対し、上流の人びとが、より大きな富、より高い地位を求めることは、「徳への道」からの堕落《だらく》を招く可能性が高い。

不幸なことに、上流階級の生活においては、事情は必ずしもつねに［中略］同じではない。王侯たちの宮廷において、また、地位ある人びとの応接室において、成功と昇進とは、理解力があり豊富な知識をもった同等者たちの評価にではなく、無知高慢で自惚《うぬぼ》れが強い上位者たちの気まぐれでばかげた好意に依存するのだ。そこでは、へつらいと偽りが、あまりにもしばしば真の長所と能力に優る。上流社会では、喜ばせる能力の方が、仕事の能力よりも尊重される。（『道徳感情論』一部三編三章）

しかしながら、「徳への道」を踏みはずす危険性があるのは、上流階級だけではない。中流階級、下層階級の人びとの中にも、上流階級の人びとの富と地位を熱心に求めるあまり、「徳への道」を踏みはずす人がいる。

この羨望《せんぼう》される境遇に到達するために、財産への志願者たちはあまりにもしばしば、徳への道を放棄する。なぜなら、不幸なことに、一方に通じる道と他方に通じる道とは、ときどき正反対の方向にあるからである。だが、野心的な人は、次のように考えて自惚れる。すなわち、輝かしい境遇に到達しさえすれば、その中で、自分は人類の尊敬と感嘆をわがものにするための非常に多くの手段をもつであろうし、また、非常に優れた適宜性《てきぎせい》と品位をもって行為することができるであろうから、自分の将来の行動の輝きが、その高みに達するまでに用いた諸手段の愚劣さを完全に覆い隠し目立たなくするだろうと思うのである。実際、多くの政府において、最高の地位への志願者たちは法律を超える。そして、もし彼らが自分たちの野心の目的を達成できるならば、それらを獲得した手段について、彼らは説明を求められる恐れはないのだ。(『道徳感情論』一部三編三章)

スミスによれば、「財産への道」は「徳への道」と矛盾《むじゅん》することがある。富と地位への志願者たちは、「財産への道」を歩む中で、道徳的腐敗を起こさなければ、より大きな富や、より高い地位を獲得できない状況に立つことがある。このとき、多くの人間が「徳への道」を踏みはずす。実際、富と地位への志願者たちは、しばしば、虚偽《きょぎ》、陰謀《いんぼう》、結託《けったく》、贈賄《ぞうわい》、暗殺などを企《くわだ》て、彼らの出世のじゃまになる人間を排除しようとする。多くの場合、これらの企ては失敗に終わり、本人自身の人生を台無しにする。しかしながら、これらの企てに成功した者は、富と権力によって自分の過去の犯罪を隠蔽《いんぺい》することができる。このようにして、富と地位への志願者たちによって、正義が侵犯される恐れがある。

5　許される野心と競争

フェア・プレイの精神

今や、スミスが、どのような野心が許されると考えていたかは明らかであろう。スミスが容認したのは、「徳への道」を同時に歩む「財産への道」の追求だけである。このことは、あるべき競争の形に関するスミスの考え方とも一致する。

私たちは、より大きな富や、より高い地位をめざして活動するとき、同様の野心をもつ他人と競争しなければならない。スミスは競争を否定しない。しかしながら、スミスは、競争はフェア・プレイのルールに則《のっと》ってなされなければならないと考える。

富と名誉と出世をめざす競争において、彼はすべての競争者を追い抜くために、できるかぎり力走していいし、あらゆる神経、あらゆる筋肉を緊張させていい。しかし、彼がもし、彼らのうちの誰かを押しのけるか、投げ倒すかするならば、観察者たちの寛容は完全に終了する。それは、フェア・プレイの侵犯であって、観察者たちが許しえないことなのである。(『道徳感情論』二部二編二章)

私たちが、他人よりも大きな富をもつ、あるいは他人よりも高い地位につくためには、二つの方法がある。第一の方法は、自分が努力し、勤勉に働き、能力や技術を高め、収入を節約し、その他の英知や徳を高めることである。それは、自己規制と自己研鑽《けんさん》によって、他人よりも秀でた位置に立つという方法である。第二の方法は、他人の足を引っ張ることである。他人の状態を悪くすることによって、自分の状態を相対的に優位にするという方法である。この方法においては、手段として、虚偽、陰謀、結託、贈賄、暗殺などが用いられる。

右の引用文からもわかるように、公平な観察者が是認するのは、第一の方法だけである。第一の方法は、フェア・プレイを意味し、他人の生命、身体、財産、および名誉を侵害しないこと、すなわち正義に適った競争を意味する。競争がフェア・プレイのルールに則って行なわれるならば、社会の秩序は維持され、社会は「見えざる手」に導かれて繁栄するであろう。一方、第二の方法は、フェア・プレイの侵犯であり、公平な観察者が認めない競争である。それは、自分の利益のために他人に対して有害な行為を行なうという、非難に値する行為である。重要なのは、後にスミスが『国富論』で問題にする「独占の精神」が、まさしく第二の方法による富の獲得を意味していたことである。競争がフェア・プレイのルールを無視して行なわれるならば、社会の秩序は乱れ、「見えざる手」は機能せず、社会の繁栄は実現しないであろう。

したがって、スミスが容認したのは、正義感によって制御された野心であると結論づけられる。それは、フェア・プレイのルールを守ること、胸中の公平な観察者が認めない競争を避けること、「徳への道」と「財産への道」を同時に歩むことであるともいえる。これらは、すべて同じことを意味する。スミスにとって、正義感によって制御された野心、および、そのもとで行なわれる競争だけが社会の秩序と繁栄をもたらすのである。

6　秩序と繁栄を導く人間本性——第一章と第二章のまとめ

「賢明さ」と「弱さ」の両面をもつ人間

前章で扱った社会秩序に関する議論と、本章で検討した社会の繁栄に関する議論を総合すると、次のようにまとめることができる。

私たちは、利害関係がなくても他人に関心をもち、他人の感情や行為に同感しようとする。また、私たちは、他人も私たちに関心をもつことを知り、自分の感情や行為に他人が同感してくれることを望む。しかしながら、私たちは、経験によって、すべての人から同感を得ることが不可能であることを知るので、成長とともに、胸中に公平な観察者を形成する。胸中の公平な観察者は、実際の観察者たち（世間）と違って、私たちの心の内部を知った上で、つねに公平な判断を与えてくれる存在である。世間の評価は偶然によって影響を受けるため、胸中の公平な観察者の評価とは異なるときがある。私たちの中の「賢明さ」は、胸中の公平な観察者の称賛を求め、非難を避けようとする。しかしながら、私たちの中の「弱さ」は、胸中の観察者の評価よりも世間の評価を重視し、また、自己欺瞞によって、胸中の公平な観察者の非難を無視しようとする。そこで、私たちの中の「賢明さ」は、胸中の観察者の非難を避け称賛を求めるように行動することを一般的諸規則として設定する。こうして、私たちは、一般的諸規則にしたがう義務の感覚を養う。私たちは、一般的諸規則のうち、正義に関しては、それを法という厳密な形にする。法と義務の感覚によって、社会秩序が形成され、維持される。しかしながら、私たちの中の「弱さ」は、私たちの義務の感覚を弱め、私たちに法を犯させることもある。したがって、現実の社会において、秩序は完全なものにはならない。

私たちは、他人の歓喜に対しては喜んで同感するが、悲哀に対しては同感することをためらう傾向をもつ。歓喜への同感は私たちに快楽をもたらすが、悲哀への同感は私たちに苦痛をもたらすからである。富や高い地位は私たちに歓喜をイメージさせ、貧困や低い地位は私たちに悲哀をイメージさせる。私たちの中の「弱さ」は、世間の評価を重視するために、歓喜をイメージさせる富や高い地位を求め、悲哀をイメージさせる貧困や低い地位を避けようとする。最低水準の富さえあれば、それ以上の富の追加は私たちの幸福を増大させないにもかかわらず、私たちは富と地位の幻想にとらわれて「財産への道」を歩む。しかしながら、私たちが「財産への道」を進むことによって、社会全体の富は増大し、より多くの人びとの間に生活必需品が分配される。一方、私たちの中の「賢明さ」は、徳と英知が真の幸福（心の平静）をもたらすことを知っており、「徳への道」をめざす。私たちは、「財産への道」を進む過程で徳と英知を身につけることができる。

しかしながら、「財産への道」は「徳への道」と矛盾することがある。このとき、私たちが「徳への道」を優先させ、フェア・プレイのルールにしたがえば、社会の秩序は維持され、社会は繁栄する。反対に、私たちが、あくまでも「財産への道」を優先させ、フェア・プレイのルールを侵犯すれば、社会の秩序は乱れ、社会の繁栄も実現しない。社会の秩序と繁栄をもたらすものは、「徳への道」の追求と矛盾しない「財産への道」の追求、言いかえれば、正義の感覚によって制御された野心と競争だけである。

以上のスミスの議論の特徴は、人間の中に「賢明さ」と「弱さ」の両方があることを認めている点である。そして、人間社会の秩序と繁栄という大目的に対して、「賢明さ」と「弱さ」は、それぞれ異なった役割を与えられている。すなわち、「賢明さ」には社会の秩序をもたらす役割が、「弱さ」には社会の繁栄をもたらす役割が与えられている。特に、「弱さ」は一見すると悪徳なのであるが、そのような「弱さ」も、「見えざる手」に導かれて、繁栄という目的の実現に貢献するのである。しかしながら、「見えざる手」が十分機能するためには、「弱さ」は放任されるのではなく、「賢明さ」によって制御されなければならない。

スミスの師ハチスンは、自愛心を「弱さ」と見なし、その社会的役割を一切認めないという厳格な考え方をとった。ハチスンは、自愛心がいかなる場合においても有徳な行為の動機ではありえず、ただ慈恵のみが有徳な行為の動機であると考えたのであった。このようなハチスンの考え方に対し、スミスは、「この体系は、［中略］慎慮、警戒、細心、節制、恒常性、不動性という下級の諸徳に対するわれわれの是認が、どこから生じるかを十分に説明できないという欠陥《けっかん》」（『道徳感情論』七部二編三章）があると考える。スミスにとって、自愛心に関連する、これらの気質は、慈恵と比べれば「下級」の気質かもしれないが、一般的に称賛に値すると考えられている諸徳なのである。また、これらの諸徳が「見えざる手」に導かれることによって、慈恵のみによっては成し遂げられない社会の繁栄が実現されるのである。

一方、『蜂《はち》の寓話《ぐうわ》』（一七一四）の著者バーナード・マンデヴィル（一六七〇－一七三三）は、社会の繁栄はもっぱら悪徳のおかげによるものだという皮肉な考え方を示した。[4] マンデヴィルにとって、きらびやかに見える商業社会を支えているのは貪欲や虚栄といった悪徳なのであった。スミスは、このようなマンデヴィルの考え方を否定する。自愛心に関連する人間の諸性質を、すべて悪徳と見なすのは、ハチスンと同様、一般的な判断とは異なる見方であった。しかし、スミスは、次のようにつけ加える。「［マンデヴィル博士の］体系がどんなに破壊的に見えうるとしても、もしそれが若干の点で真理に境を接していなかったならば、あのように多数の人びとを欺瞞することも、もっと優れた諸原理の味方であった人びとの間に、あのように一般的な驚愕《きょうがく》を引き起こすこともありえなかっただろう」（『道徳感情論』七部二編四章）。スミスにとって、人間の「弱さ」だけが社会の繁栄をもたらすというマンデヴィルの考え方は誤謬《ごびゅう》にすぎなかったが、社会の繁栄の基礎に「弱さ」が入り込んでいるというのは真理なのであった。

人間には、変えられない現実として、「賢明さ」とともに「弱さ」がある。そして「弱さ」にも、「賢明さ」と同様、果たすべき社会的な役割がある。しかし、「弱さ」が社会的役割を果たすためには「賢明さ」からの制御を受けなければならない。これがスミスの基本的な立場である。この立場に立てば、社会の秩序と繁栄を妨げるさまざまな問題を、人間の中にある「弱さ」の存在自体のせいにするのではなく、「賢明さ」と「弱さ」の関係としてとらえることができる。そして、それらの問題に対する対応策もまた、「賢明さ」と「弱さ」のバランスという視点から考えることができる。「弱さ」は放任されてはならないが、完全に封じ込められてもならないのである。

註

1　一方、自分の本当の値うちよりも高い評価を自分自身に与え、それと同じ評価を世間に求めることを、スミスは、「高慢」(pride) と呼ぶ。虚栄も高慢も、自分の本当の値うちよりも高い評価を世間に求める点では同じだが、虚栄が自分の本当の値うちを知りながらそうするのに対し、高慢は自分の本当の値うちを知らないでそうする。スミスは、虚栄は、「その栄光を、まだそれを受けるに値しないうちに奪い取ろうという、早すぎる企てにすぎないことが非常にしばしばある」と考え、次のように述べる。

「二十五歳になっていない自分の息子が気どり屋にすぎないとしても、だからといって、あなたは、彼が四十歳になっても非常に賢明で値うちのある人にはならないだろうと絶望してはならない。また、今のところ、彼が見栄を張って、もっていると称しているだけかもしれない才能と徳において、将来、彼が本当の熟達者になることはないだろうと絶望してはならない。教育の大きな秘密は、虚栄を適切な対象に向けることである。彼がつまらない業績について自分を高く評価するのを決して許してはならない。しかし、本当に重要な業績について彼が詐称することを必ずしもつねにくじくべきではない。もし彼が、それらを所有したいと真剣に欲しなかったならば、彼はそれらを詐称しなかっただろう。この欲求を奨励せよ。獲得を容易にするすべての手段を彼に提供せよ。そして、彼がときには、それを取得するより少し前に取得してしまったかのように装うとしても、あまりそれに腹を立ててはならない」（『道徳感情論』六部三編）

スミスは、虚栄は、高慢とともに悪徳になりうることを知っていたが、同時に、虚栄が個人の成功と社会の繁栄に対してもつ役割も認めていたといえる。

2　スミスが考える賢人とストア派が考える賢人との違いについては、本書の第一章、註8を見よ。

3　スミスは、徳を「卓越し称賛に値する人格、尊敬と名誉と明確な是認の自然的対象となる人格を形成する、気質と行動の傾向」（『道徳感情論』七部一編）と定義する。要するに、徳とは、公平な観察者が是認し、称賛し、感嘆する気質と行動の傾向であると言ってよい。スミスは、「完全な慎慮、厳格な正義、適切な仁愛の諸規則にしたがって行為する人は、完全に有徳であるといわれていい」（『道徳感情論』六部三編）と考える。そして、完全に有徳であるためには、慎慮、正義、仁愛の諸規則に関する完全な知識とともに、それらの諸規則に自分をしたがわせる完全な自己規制が必要だと考える。したがって、徳は英知と自己規制をともなうといえる。

4　マンデヴィルは述べる。

「人間に生まれつき備わっている優しい性質や温情も、彼が理性や自己抑制によって獲得できる真の美徳も、社会の基礎ではなくて、道徳的にせよ自然的にせよ、いわゆるこの世で悪と呼ばれるものこそ、われわれを社会的な動物にしてくれる大原則であり、例外なくすべての商売や職業の堅固な土台、生命、支柱である」(『蜂の寓話』、泉谷治訳、法政大学出版局、一九八五年、三四〇頁)。

第三章　国際秩序の可能性

『道徳感情論』におけるスミスの問題意識は、ひとつの社会における秩序にかぎられるものではなく、社会と社会の間、あるいは国と国の間における秩序にも及んでいる。本章では、後者の問題、すなわち国際秩序の問題に関するスミスの見解を考察する。

1　公平な観察者の判断基準に慣習が与える影響

慣習とは何か

スミスによれば、秩序ある社会における善悪の一般的な判断基準、つまり、公平な観察者の判断基準は、その社会の外部から超越的に与えられるものではなく、その社会を構成する諸個人の交際の歴史を通じて、内生的に形成されるものである。したがって、公平な観察者の判断基準は、それが適用される社会に固有なものであり、社会の慣習（custom）から影響を受ける可能性がある。では、公平な観察者の判断基準に対して、社会の慣習は、どの程度の影響力をもつのだろうか。言いかえれば、異なる慣習をもつ社会では、道徳の基準も大きく異なるのであろうか。スミスは、この問題を『道徳感情論』の第五部「明確な道徳的是認および否認の諸感情に対する慣習と流行の影響について」において考察している。スミスは、慣習を次のように定義する。

　二つの対象が、しばしば一緒に見られてきた場合、想像力は一方から他方へ容易に移るという慣習を獲得する。第一のものが現れれば、われわれは、第二のものが続くことを期待する。二つの対象は、ひとりでに、われわれに対して一方から他方を思い起こさせるのであり、われわれの注意は、容易に、その組み合わせにそって進んでいく。その組み合わせに真の美しさがあるわけではないのに、慣習がそれらを一緒に結びつけてしまったときには、われわれは、それらが分離されていることに不適切性を感じるのである。（『道徳感情論』五部一章）

　このように、慣習とは、あるものが別のものをともなって現れることを繰り返し経験することによって、私たちが、それらを、ひとつのあるべき組み合わせと考えるようになることである。慣習によって、私たちは、あるものが出現するとき、組み合わされるべき別のものをともなっていれば適切だと感じ、ともなっていなければ不適切だと感じる。たとえば、私たちは、自分が着ている衣服の飾りボタンがとれているのを知った場合、自分の格好を見苦しいと感じる。飾りボタンなど、あってもなくても衣服としての機能にはまったく影響しないはずだが、私たちは、飾りボタンがないことに不適切性を感じるのである。これは、私たちが、衣服と飾りボタンとの組み合わせを見ることに慣れたせい、つまり慣習のせいである。それらの組み合わせを見慣れていない人にとっては、飾りボタンがとれていることは気にならないであろう。

　一方、流行（fashion）とは、高い身分や名声をもった人びとがもつ慣習のことである。個人にとって、自分が憧れる人びとの慣習は、粋《いき》で豪華なものであるように思われ、分不相応にならない範囲で自分も取り入れてみたいと思う慣習なのである。

　スミスは、衣装、家具、建築、音楽、詩など、趣味の対象になるものに対する社会的な評価基準は、慣習と流行の支配下にあると考える。私たちは、趣味の対象になるものについて、「よさ」や「美しさ」を、しばしば、対象が示す合理性や機能性、あるいは規則性によって説明しようとする。しかしながら、実際には、「よさ」や「美しさ」に対する私たちの評価基準は、自分たちが見慣れているものや聞き慣れているもの、あるいは自分たちが憧れる人びとが取り入れはじめているものに大きく影響を受けることが多い。実際、どのような色とデザインの衣装が美しいのか、どのような形の家具が洒落《しゃれ》ているのかは、慣習と流行を抜きに説明することはできない。建築、音楽、詩などの学芸（arts）も同様である。スミスは、次のように述べる。

［建築、音楽、詩において］何が美しく何がそうでないかについて、自分たちの判断が慣習や流行の大きな影響を受けていることを進んで認めようとする人は少数にすぎず、他の多くの人びとは、それぞれの学芸において守られるべきだと思われるすべての規則が、慣行や先入観にではなく、理性と自然にもとづいていると想像している。しかしながら、ほんのわずかの注意さえ払えば、彼らは、そうではないことを確信するであろうし、衣装と家具に対する慣習と流行の影響の方が、建築と詩と音楽に対する影響よりも絶対的だというわけではないことを認めるであろう。（『道徳感情論』五部一章）

私たちの趣味の対象になるものに対する社会的な評価基準は、慣習や流行によって大きな影響を受けるのであるから、その基準は、社会によって、あるいは時代によって大きく異なるといえる。ある社会、ある時代において、一般的に「よい」または「美しい」とされる衣装、家具、建築、音楽、詩は、別の社会、別の時代において同じ評価を受けるとはかぎらず、場合によっては、「趣味が悪い」とされることさえあるかもしれない。このように、趣味の対象になるものに対する社会的な評価の基準、言いかえれば「文化」は、社会と時代に応じて変化するといえる。

慣習が道徳に与える影響

では、人間の性格や行為の「よさ」や「美しさ」に関する社会的な評価基準、つまり道徳は、慣習や流行の影響をどの程度受けるのであろうか。スミスは、次のように述べる。

異なった時代と国の異なった境遇は、その中で生活する人びとの大部分に異なった特徴を与える傾向がある。それぞれの性質における特定の程度が、非難すべきであるか称賛に値するかということについての感情は、所属する国と時代において普通に見られる程度に応じて変化する。（『道徳感情論』五部二章）

このように、スミスは、趣味の対象になるものに対する社会的な評価基準と同様、人間の性格や行為に対する社会的な評価基準が、社会や時代の慣習と流行に影響を受けることを認める。たとえば、他人と出会ったときにはどのような挨拶《あいさつ》をすべきか、他人から世話を受けたときにはどの程度の返礼をすべきか、若者は年配者に対してどの程度礼儀正しくあるべきか、子は親の面倒をどの程度みるべきか、夫婦の絆《きずな》はどの程度強くあるべきか、教師は学生に対してどの程度の厳格さをもって接するべきか。これらの問題に対しては、社会や時代によって、さまざまな判断基準が存在する。ある時代、ある社会においては許容される若者の礼儀正しさの程度は、別の時代、別の社会においては、きわめて無礼なものと見なされることがあるだろう。また、ある社会、ある時代においては勧められる教師の厳格さは、別の社会、別の時代においては、抑圧的なものとして非難されることがあるだろう。私たちは、このような例を、いくらでも挙げることができる。

スミスは、未開社会においては諸情念の抑制が美徳とされる傾向にあるのに対し、文明社会では諸情念の解放が美徳とされる傾向にあると考える。飢餓と危険に満ちた未開社会においては、自分の快楽や他人への愛着を避ける必要性から、諸情念の抑制が奨励《しょうれい》され、慣習化されるのに対し、豊かで安全な文明社会では、快楽や愛着を避ける必要性が弱まるため、諸情念の解放が許され、奨励され、そして慣習化される。文明社会の人びとから見るならば、諸未開社会の人間は無感動、無感情な人間に見えるであろう。反対に、未開社会の人びとから見るならば、文明社会の人間は軟弱で、ふしだらな人間に見えるであろう。このように、どのような性格や行為が「よい」または「美しい」とされるのかについては、社会の慣習、そして、慣習に影響を与える文明化の度合いに依存するといえる。

では、社会の道徳に与える慣習や流行の影響力の程度は、文化に与えるそれらの影響力の程度と同じくらい大きいのであろうか。言いかえれば、異なった社会や時代における道徳の違いは、文化の違いと同じくらい本質的なものであろうか。スミスは、そうではないと考える。

人類の道徳感情に対する慣習と流行のこれらすべての効果は、それらが他の場合に生み出す諸効果に比べれば、取るに足りないものである。そして、慣習と流行の諸原理が、われわれの判断力を最も大きく歪《ゆが》めるのは、性格と行為の一般的様式についてではなく、特定の慣行に関する適切性と不適切性についてなのである。（『道徳感情論』五部二章）

スミスによれば、人間の性格や行為に対する社会的な評価基準のうち、慣習や流行によって大きな影響を受けるのは、挨拶、表情の作り方、感情表現の仕方など、社会の存続にとって必ずしも重要とはいえない種類の性格や行為についてである。社会の存続にとって重要な種類の性格や行為、つまり正義に関わる性格や行為については、社会的な評価基準は慣習や流行によって大きな影響を受けることはない。

もちろん、生命、身体、財産、名誉が、どの程度、尊重されるべきかについての判断基準は、社会や時代によって完全に同じではない。また、各社会、各時代の特定の慣行について見るならば、別の社会、別の時代であれば、受けいれがたい悪行として非難や処罰の対象になりうるものもあるであろう。スミスは、そのような例として、古代ギリシャにおける幼児殺しの慣行を挙げる。

古代ギリシャでは、親の事情によって、子どもを育てるのに都合が悪くなった場合には、何の非難や処罰も受けることなく、子どもを遺棄することができた。プラトンやアリストテレスなどの賢人たちでさえ、この慣行を糾弾《きゅうだん》するよりも、むしろ、社会全体の幸福を維持するために必要なものとして支持したのであった。しかし、だからといって、古代ギリシャ人の人命一般に対する感覚が、幼児殺しの慣行を許す感覚によって支配されていたかというと、そうではない。もしもそうであったならば、つまり、もしも古代ギリシャ人が、自分の都合次第で、自分の子どもにかぎらず、誰であれ他人の命を奪ってもよいと考えていたのならば、古代ギリシャの社会は一瞬たりとも存続しえなかったであろう。スミスは、次のように述べる。

行動と行為の一般的な様式と性質に関して、慣習は、われわれの感情を、特定の慣行についての適切性あるいは非合法性に関してと同じ程度に誤り導くことはない。このことには明白な理由がある。そのような慣習は存在しえないのだ。どんな社会でも、そこにおける人びとの行動と行為の普通の気質が、私が今述べたばかりの恐るべき慣行［幼児殺しの慣行］と一致している社会は、一瞬たりとも存続しえないであろう。（『道徳感情論』五部二章）

正義に関するかぎり、慣習や流行は、時として、特定の性格や行為に対する評価基準を歪めることはあっても、一般的な性格や行為に対する評価基準を歪めることはない。同胞の生命や身体を侵害することが称賛される社会など存続できないからである。したがって、存続するすべての社会において、他人の生命、身体、財産、名誉を侵害することを避けるべきだという道徳感情は、程度の差はあれ、共通に見られる感情なのである。道徳は文化とは異なるのである。趣味の対象になるものに対する社会的評価基準と違って、公平な観察者の判断基準、特に正義に関する判断基準は、慣習や流行から大きな影響を受けることはない、というのがスミスの基本的見解である。

2　国際秩序は可能か

国際的な「公平な観察者」

慣習と流行に関するスミスの基本的見解を、さらに推し進めるならば、ひとつの社会において諸個人が各自の性格や資質の違いを乗りこえて道徳的基準を共有することができるように、諸社会も各社会の慣習や文化の違いを乗りこえて道徳的基準を共有することが可能であるといえる。すなわち、個人と個人の間においてと同様、社会と社会の間にも、公平な観察者の判断基準を形成することができるはずである。このことを、図3－1を使って説明しよう。

今、A国とB国が何かの行為を交換しているとし、A国がB国に行なう行為を「行為A」、B国がA国に行なう行為を「行為B」としよう。それらの行為は、貿易交渉かもしれないし、外交交渉かもしれないし、あるいは戦争かもしれない。A国の政府や国民が、自国と相手国の行為を公平に判断しようとする場合、彼らは、自国で通用する公平な観察者（公平な観察者A）の立場に立って自国の行為と相手国の行為が適切であるか否かを検討する。つまり、

図3－1　二国間における公平な判断

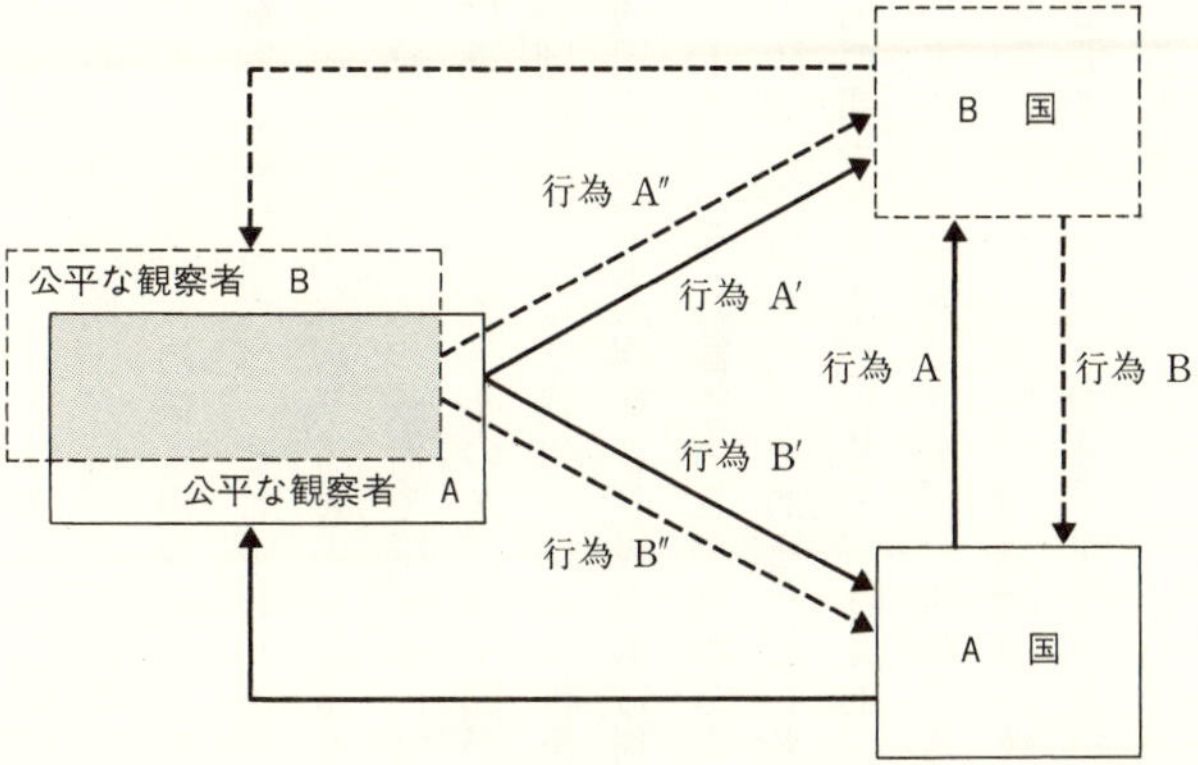

A国の政府や国民は、「公平な観察者A」が自国と同じ境遇に置かれたならば行なうであろう行為（行為A′）と実際に自国が行なっている行為（行為A）が一致するか否かを検討するとともに、「公平な観察者A」が相手国と同じ境遇に置かれたならば行なうであろう行為（行為B′）と実際に相手国が行なっている行為（行為B）が一致するか否かを検討する。

同様にして、B国の政府や国民が公平であろうとする場合、彼らは、公平な観察者Bの立場に立って両国の行為を判断する。彼らは、「公平な観察者B」が自国と同じ境遇に置かれたならば行なうであろう行為（行為B″）と実際に自国が行なっている行為（行為B）が一致するか否かを検討するとともに、「公平な観察者B」が相手国と同じ境遇に置かれたならば行なうであろう行為（行為A″）と実際に相手国が行なっている行為（行為A）が一致するか否かを検討する。

このように、両国の政府や国民が公平であるならば、彼らは、自国の利害という観点からではなく、公平な観察者の観点から両国の行為の適切性を判断しようとする。ただし、公平な観察者というのは、それぞれの国で通用している公平な観察者のことである。A国の政府や国民は、公平な観察者Bの判断基準を知らないし、知っていたとしても、その立場に立つことはない。B国の政府や国民も同様である。両国とも、自国が相手国に課している保護関税は適切な政策であるのか、相手国が自国に要求している借款《しゃっかん》や補償は適切であるのか、あるいは自国が行なう戦争は適切な戦争であるといえるのか、これらのことを、それぞれ自国で通用する公平な観察者の観点から判断するのである。

もしも、公平な観察者Aの判断基準と公平な観察者Bの判断基準が同一であるならば、両国の政府と国民が公平であろうとしさえすれば、両国の間での判断は一致する。この場合、両国の間で生じる、貿易上、外交上、軍事上の問題は、話し合いによって解決することが可能であろう。反対に、公平な観察者Aの判断基準と公平な観察者Bの判断基準がまったく異なるならば、両国の間での判断が一致することはない。この場合、両国の政府と国民がいくら公平であろうとしても、両国の間で生じる諸問題を話し合いによって解決することは不可能であろう。

スミスによれば、公平な観察者の判断基準は、慣習の影響を受けるために、諸社会の間で完全に一致することはない。しかしながら、社会の存続にとって重要な問題、つまり正義の問題については、公平な観察者の判断基準は、諸社会の間で一致するはずである。図3－1はこのことを示す。つまり、公平な観察者Aを示す長方形と公平な観察者Bを示す長方形は、完全には一致しないが、多くの部分で重なり合っている。この重なり合った部分（図の網掛け部分）が、国と国との間の道徳的問題を判断する共通の基準を与える「国際的な公平な観察者」になりうる。各国は、この国際的な公平な観察者の立場に立つことによって、国際問題を平和的に解決することが可能である。特に、正義に関する国際的な公平な観察者の判断基準は、国際法、または「万民の法」（law of nations）の基礎を与える。各個人の同感にもとづいて作られる国内法が社会秩序の形成と維持を可能にするように、各国の同感にもとづいて作られる国際法は、国際秩序の形成と維持を可能にする。

しかしながら、実際には、国際秩序を形成することは、国内秩序を形成することよりも、はるかに困難である。それは、ひとつには、他国の国民とは地理的、言語的、文化的な隔たりがあるために共通の公平な観察者の基準を形成しにくいからである。それ以上に重要なのは、各国の政府や国民が、自国民に対しては用いる公平な観察者の判断基準を、他国民に対しては用いない傾向にあるということである。この傾向は、各国の国民が他国民に対して

「国民的偏見」(national prejudice)をもっているために生じる。スミスは、『道徳感情論』の第六版において、国民的偏見の起源と影響を扱っているので、次節では、この問題を考察することにしよう。

3　祖国への愛と国民的偏見

自然で適切な祖国への愛

スミスは、人間は、全人類の幸福を願い、自分の幸福よりも全人類の幸福をつねに優先させること、つまり「普遍的仁愛」(universal benevolence)をもつことはできないと考える。スミスは述べる。

宇宙という偉大な体系を管理運営すること、すなわち、すべての理性的で感受性のある存在の普遍的な幸福の世話をすることは、神の仕事であって人間の仕事ではない。人間に割りあてられている仕事は、ずっとつつましいものであるが、人間の能力の弱さと理解力の狭さに、はるかによく適合したものである。それは、自分自身の幸福、そして、自分の家族、自分の友人、自分の国の幸福の世話をするということである。(『道徳感情論』六部

二編三章）

人間は、まず自分自身の幸福を願い、その次に自分の家族、そして自分の友人や知り合いの幸福を願う。スミスは、このような序列をもつ幸福の願望を「愛着」（affection）と呼び、それが「慣行的同感」（habitual sympathy）によって生まれると考える。私たちは、日常生活において、特定の人びとと繰り返し同感し合うことによって、その人たちに対して愛着をもつようになり、彼らや彼女らの幸福を、他の人びとの幸福よりも優先的に願うようになる。この願望は、実際に同感し合う頻度《ひんど》が低くなればなるほど希薄になる。ふつう、私たちは、自分自身を除けば、まず、同感の頻度が最も高い家族に愛着をもち、次に友人や隣人、そして知り合いなどに愛着をもつ。さらに、私たちは、愛着の強さに応じて、その人の幸福のために自分自身の幸福を犠牲にしてもよいと思う。あるいは、その人の幸福を増進することが自分自身の幸福であると思う。

スミスによれば、このような慣行的同感によって導かれる個人の愛着が「祖国への愛」（love of our own country）を基礎づける。スミスは、次のように述べる。

われわれが、その中で生まれ、教育され、そして、その保護のもとで生活を続けている、国家（あるいは主権）は、通常の場合、われわれの善悪の行動が、全体の幸福または悲惨に大きな影響を与えうる最大の社会である。したがって、国家は、元来、非常に強く、われわれにゆだねられている。われわれ自身だけでなく、われわれの最も強い愛着のすべての対象、すなわち、われわれの子どもたち、親たち、親族たち、友人たち、恩人たち、われわれが自然に最も愛し最も敬う人びとは、同じ国家の中に含まれるのが普通である。彼らの繁栄と安全は、ある程度、国家の繁栄と安全に依存する。したがって、国家は、元来、すべての利己的な意向によってだけでなく、すべての私的な仁愛的意向によっても、われわれにとって愛すべきものとされるのである。このようにして、われわれが国家と結びつくため、国家の繁栄と栄光は、われわれ自身に、ある種の名誉をもたらすように思われる。

（『道徳感情論』六部二編二章）

祖国への愛は、人類全体に対する愛——普遍的仁愛——から導かれるものではない。日本人が日本に愛着をもつのは、日本が地球の一部であるからではない。また、日本人が日本人であることに愛着をもつのは、日本人が人類の一部であるからではない。日本という国の中に、あるいは日本人という集団の中に、自分と家族、そして自分が愛する人びとのほとんどが含まれるからであり、自分たちの安全と繁栄が、日本の安全と繁栄に依存すると思うからである。そして、自分の行為が実際に影響しうる最大の社会が日本社会であると考えるからである。このように、祖国への愛は、普遍的仁愛からではなく、私的な愛着から導かれる。

倒錯した祖国への愛と国民的偏見

注意すべきことは、祖国への愛は、慣行的同感から直接導かれる愛着ではないということである。私たちは、祖国の人びとのすべてとつき合い、同感し合うことはできない。また、国自体と同感し合うこともできない。要するに、祖国への愛は、家族や友人などと違って、自分にとって実体のないもの、直接に同感し合うことができないものに対する愛着、つまり仮想的な愛着であるといえる。しかし、私たちは、いったん祖国への愛をもてば、祖国の繁栄と栄光を自分の誇りと感じるようになる。そして、私たちは、場合によっては、自分の命や利益、あるいは自分が愛する人びとの命や利益を、祖国のために犠牲にしてもよいと思うこともある。私たちは、そのような気持ちを強くもち、それを実行する人を「愛国者」(patriot) と呼ぶ。愛国者について、スミスは次のように述べる。

自分の生命を、社会の安全のために——あるいは社会の虚栄のためであっても——投げ出す愛国者は、最も厳密な適切性をもって行為するように見える。彼は自分自身を、中立的な観察者が自然かつ必然的に彼を眺める見方で眺めているように見える。すなわち、彼は自分自身を、公正な裁判官の目に映る大勢の中の一人にすぎず、その中の他の誰よりも重要ではなく、多数を占める人びとの安全に、便宜に、そして栄光にさえ、いつでも自分を犠牲にし、捧げるべきものとして眺めているように見える。

しかし、この犠牲が完全に正当で適切であるように見えたとしても、それを行なうのがいかに困難であるか、そして、いかにわずかな人しかそれを行ないえないかを、われわれは知っている。だから、彼の行動は、われわれの全面的な是認だけでなく、われわれの最高の驚異と感嘆をかきたて、最も英雄的な徳に対して正当に与えうるあらゆる喝采の値うちがあるように思われるのである。（『道徳感情論』六部二編二章／傍点は引用者による）

この引用文において注意すべきことは、スミスは、愛国者の行動に関して、「見える」（appear）、あるいは「思われる」（seem）という言葉を使っていることである。つまり、スミスは愛国者の行動が世間の目にどのように見えるかを論じているのである。世間の目には、愛国者の行動は、公平な観察者の判断に厳密にしたがう行動であるように見え、称賛に値する行動であるように見える。

しかし、はたして愛国者の胸中の公平な観察者は、彼に対して世間の見方と同じ見方をしているのであろうか。そもそも、私たちは、自分や自分の家族、自分が愛する人びとの安全と繁栄の土台であると思えばこそ、祖国を愛するのではなかったか。それにもかかわらず、祖国への愛のために、自分の命、あるいは自分が愛する人びとの命が犠牲になってもよいと考えるのは、個人の心の中で愛着の転倒が起きていると言わなければならない。おそらく、愛国者の胸中の公平な観察者は、彼に対して、自分の命と自分が愛する人びとの命をできるかぎり守るよう命令するであろう。少なくとも、国家の虚栄のために、自分や自分が愛する人びとの命を犠牲にすることを是認することはないであろう。自分自身と自分のまわりの人びとに対する愛着を基礎とした祖国への愛は、自然であり、また必要であり、公平な観察者が是認するものである。しかしながら、それを超える祖国への愛は、不自然であり、倒錯的な偏愛になる危険性をもつといえる。

さらに、祖国への愛は、近隣国民に対する国民的偏見を引き起こす危険性をもつ。スミスは次のように述べる。

われわれは、自国民に対する愛によって、近隣国民の繁栄と勢力拡大を、悪意に満ちた嫉妬と羨望をもって見るようになる。隣り合った諸国民は、彼らの紛争を解決する共通の支配者をもたないので、継続的な相互の恐怖と猜疑《さいぎ》の中に生きている。各国の主権者は、彼の隣人たちから、ほとんど正義を期待できないので、自分が受けるのと同じだけわずかな正義をもって隣人たちを取り扱おうとする。国際法――独立諸国家が相互の取り扱いにおいて守る義務があると考えていると公言し装うルール――の尊重は、実際のところ、単なる偽装と公言にすぎないことが多い。取るに足りない利害のために、また、取るに足りない挑発のために、それらのルールが毎日、恥も良心の呵責もなく、すりぬけられたり、侵犯されたりするのを、われわれは見ている。各国民は、隣国の強化や勢力拡大の中に、自国が征服されることを予見するか、あるいはそのように想像する。この国民的偏見というくだらない原理は、しばしば、祖国への愛という高貴な原理の上に築かれている。[2]（『道徳感情論』六部二編二章）

スミスによれば、祖国に対する愛は、近隣諸国民に対する国民的偏見を生み、近隣国民に対する嫉妬、猜疑、憎悪を増幅させる。その結果、自国民に対しては守られる正義の感覚が他国民に対しては守られなくなる。国際法が、しばしば蹂躙《じゅうりん》されるのはこのためである。おそらく、私たちが国民的偏見に陥るのは、私たちの祖国への愛が、自然で現実的な範囲を超えて仮想的な偏愛となる場合であろう。すなわち、自分や家族、自分が愛する人びとの幸福に影響を与えるものとしての国に対する愛着を超えて、国がそれ自体で価値をもつと思われるようになるとき、人は、自国が隣国よりも、あらゆる点で優れていることを望むのである。言いかえれば、人は隣国が自国よりも、あらゆる点で劣っていることを望むのであり、また、そうであると信じるのである。これが国民的偏見である。

実際、当時のイギリス国民とフランス国民は、双方とも、相手に対して国民的偏見をもっていた。そのため、イギリスとフランスは、動機と結果から見て適切な範囲を超えた戦争を続けてきた。さらに、両国民は、相手国の軍事力の増強を恐れるだけでなく、経済的、学芸的、科学的発展を嫉妬の目で見るようになった。スミスは述べる。

フランスとイギリスは、それぞれ、相手国の軍事力が増大することを恐れてもよいであろう。しかし、両国のいずれにとっても、相手国の幸福と繁栄、すなわち、土地の耕作、製造業の発展、商業の増大、港湾施設の安全性と数、すべての学芸と科学における進歩に対する嫉妬は、間違いなく、そのような二大国民の尊厳にふさわしくないものである。これらはすべて、われわれが住む世界の真の改良なのである。それらによって人類全体が恩恵を受け、人間本性は気高くされる。それらの諸改良のために、各国民は、自らが卓越するように努力するだけでなく、人類愛にもとづいて、隣人たちの卓越を妨害するのではなく、促進するよう努めるべきである。これら［経済と学芸・科学］の発展はすべて国民的

競争の適切な対象であって、国民的偏見、あるいは嫉妬の対象ではない。(『道徳感情論』六部二編二章)

各国における経済と学芸・科学の発展は、その国だけでなく、近隣諸国および人類全体に恩恵をもたらす。他国が、より安い農産物や製造品、より便利な港湾施設、より質の高い学芸や科学を提供してくれるのであれば、自国も、それらを利用して、経済や学芸・科学の発展を推し進めることができる。したがって、自国にとって、他国の経済と学芸・科学の発展は、歓迎されるべきことであって、妨害すべきもの、あるいは国民的偏見や嫉妬の対象にすべきものではない。

スミスは、経済と学芸・科学の発展は「国民的競争」(national emulation) の適切な対象だと述べている。ここでいう「競争」とは、各国が、競い合って、自国の経済や学芸・科学を進歩させるよう努力することを意味するのであって、他国の足を引っ張ることによって自国の相対的優位を確保しようとすることではない。しかし、国民的偏見にとらわれた政治家や国民は、近隣諸国の発展を助けることよりも、妨げることが自国の利益につながると考えがちになる。その結果、あらゆる不正な手段を用いて、他国の経済的、学芸的、科学的発展を妨げようとする。国民的偏見は、戦争だけでなく、他の領域においても、私たちの道徳感情を腐敗させるのである。
個人と個人の間であれば、たとえ特定の相手に対して何かの偏見をもっていたとしても、多数の中立的な観察者が近くにいるために、私たちは、特定の相手に対する自分の行為を、中立的な観察者が是認する範囲に抑制しようとする。しかしながら、国と国との間には、中立的な観察者が近くにいるわけではない。スミスは、各国が、国際問題において国民的偏見にとらわれて道徳的腐敗を引き起こす原因は、中立的な観察者が近くにいないことにあると考える。

ひとつの独立国の他の独立国に対する行動については、中立諸国だけが利害関心のない中立的な観察者である。しかし、彼らは非常に遠くに位置しているので、当事国の視野の外にある。二国が衝突するとき、国民のひとりひとりは、自分の行動について諸外国の人びとが抱くであろう感情を、ほとんど顧慮しない。個人の全野心は、同胞国民たちの明確な同意を獲得することにある。そして、同胞国民たちは、すべて、彼自身を沸き立たせているのと同一の敵対的情念によって沸き立っているので、彼にとって、敵を激怒させ機嫌を損じることによるほど同胞を喜ばせることはない。［同胞国民という］偏愛的な観察者が近くにいて、中立的な観察者［中立国］は非常に遠くにいる。このため、戦争と交渉にお

いて、正義の諸法が守られることは非常に稀である。（『道徳感情論』三部三章）

このように、国際問題に対する私たちの道徳的腐敗は、他国民への国民的偏見によって、そして、中立的な観察者が存在しないことによって生じる。

諸国民間の交際と貿易の役割

国と国との間に共通な「公平な観察者」の判断基準を打ち立て、それをもとに国際法を制定し、国際法を遵守することによって国際秩序を形成・維持する。このことは潜在的には可能である。しかし、国際秩序を実現するためには、まず、私たちが国民的偏見から自由でなければならないし、さらに中立的な観察者の役割を果たす国（または機関）が存在しなければならない。

私たちが国民的偏見に陥らないためには、各国の政府は、根拠のない「祖国への愛」によって国民を誤り導くことのないよう十分に慎重でなければならない。あるいは逆に、国民が熱狂的な「祖国への愛」によって政府を扇動することがないように注意しなければならない。国民的偏見は、諸個人が実際に他国の人びとと交際し、同感し合うことを繰り返すことによって弱めることができるであろう。他国の人びととの交際を進め、同感し合うことによって、異なった慣習や文化を理解するとともに、生命、身体、財産、名誉が侵害されること、つまり正義については、他国の人びともも自分たちとほとんど同じ感覚をもっていることを知ることができるからである。

このような諸国民間の交際が広まり、深まることによって、それぞれの国が、利害対立の当事国になることもあれば、中立国として仲裁の役割を果たすこともあるだろう。また、諸国民の関係が緊密になれば、諸国民全体の意見、つまり国際世論も徐々に形成されていくであろう。そして、国際世論は、諸国民間に共通な「公平な観察者」の判断基準を打ち立てる基礎になるであろう。

スミスは、当時のヨーロッパにおいて、国際秩序がすぐに形成されるとは考えていなかった。スミスにとって、秩序あるヨーロッパ社会が実現するのは遠い将来のことであると思われたにちがいない。それまでは、ヨーロッパ各国は国際問題を軍事力と外交術によって解決していかなければならない。その解決の仕方は、必ずしもつねに公平な観察者が是認するものではないかもしれない。しかし、ヨーロッパの諸国民は、交際を深めることによって、また、同感し合うことを慣習化することによって、国際問題の処理における道徳的腐敗を免れることができる。そして、諸国民の間の自由な貿易こそ、そのような交際を広める手段となりうるのだ。第五章で示すように、物の交換は、人と人との同感を前提にしなければ成り立たないからであり、また物の交換を繰り返すことによって人は取引相手をよりよく理解することができるからである。

4 『道徳感情論』から『国富論』へ

自然法にもとづく「万民の法」の形成

スミスにとって、理想的な国際法または「万民の法」は、「自然法」(natural law)にもとづいて形成されるべきであった。自然法とは、古代ギリシャ哲学の時代から存在する概念であり、人類の存続と繁栄を促進する普遍的で完全な法を意味する。一方、各社会において、実際に定められる法は「実定法」(positive law)と呼ばれる。スミスによれば、人類の歴史において、実定法は必ずしも自然法に適うものではなかった。実定法は、各国の慣習だけでなく、政府の利害関心、政府を支配する特定階層の利害関心、あるいは司法当局の利害関心によって歪められ、その結果、人類の存続と繁栄を完全に促進するものとはならなかったからだ。スミスは述べる。

ときには、いわゆる国家の体質、すなわち政府の利害関心が、ときには政府を支配している特定諸階層の人びとの利害関心が、その国の実定法を、自然的正義が規定するであろうものから逸脱させる。［中略］どの国においても、実定法の諸決定が、正義についての自然的感覚が指示するだろう諸規則と厳格にあらゆる場合に一致することはない。したがって、実定法の諸体系は、さまざまな時代と国民における人類の諸感情の記録として、最大の権威に値するとはいえ、それでも決して、自然的正義の諸規則の正確な諸体系と見なすことはできないのである。（『道徳感情論』七部四編）

スミスにとって人類が定めてきた法は、自然法そのものではなかった。言いかえれば、人類は秩序と繁栄を不完全にしか推し進めてこなかった。では、自然法に一致する正義の諸規則の内容、つまり万民の法の基礎になりうる正義の諸規則の内容は、具体的には、どのようなものであるのか。スミスは、この問題を探求するための法学を、「自然法学」（natural jurisprudence）と呼び[3]、自然法学の樹立をはじめて本格的に試みたのは、十七世紀のオランダの法学者グロティウスであると考えた[4]。スミスは、『道徳感情論』の最後の段落で次のように述べている。

グロティウスは、すべての国民の諸法をつらぬき、それらの基礎となるべき諸原理の体系に、いくらかでも似たものを世間に与えようと試みた最初の人であったように思われる。そして、彼の戦争と平和の法に関する論文は、そのすべての不完全さにもかかわらず、おそらく今日においても、この主題について今まで与えられたかぎりの最も完全な著作である。私はもうひとつの別の論述において、法と統治の一般原理について、およびそれらが社会のさまざまな時代と時期において、正義に関することだけでなく、生活行政、公収入、軍備、さらには法の対象である他のすべてに関することにおいても、経過してきたさまざまな変革について、説明を与えるよう努力するつもりである。したがって、私は、今は法学の歴史に関して、これ以上詳しいことには立ち入らないことにしよう。(『道徳感情論』七部四編)

この箇所でスミスは、自分の次の著作において「法と統治の一般原理」(general principles of law and government)について論じるつもりであると述べている。つまり、グロティウスの仕事を受け継いで、万民の法を基礎づける自然法学の樹立を試みることを宣言している。また、スミスは、さまざまな社会、さまざまな時代の実定法において、自然法がどのように作用したか、あるいは歪められたかという、法の歴史についても論じるつもりであることを示す。さらに、スミスは、考察する対象を、正義にかぎることなく、生活行政(police)、公収入（revenue）、軍備（arms）などにも拡げると書いている。生活行政は経済、公収入と軍備は財政に関わることである。スミスは、秩序（正義）に関してだけでなく、繁栄（豊かさ）についても、「すべての国民の諸法をつらぬき、それらの基礎となるべき一般原理」が存在すると考えていたといえる。

「万民の法」を準備する「万民の富」

『道徳感情論』によって、秩序と繁栄を基礎づける人間の諸本性は何か、また、それらはどのように作用するかを解明したスミスは、次の段階として、秩序と繁栄を導く一般原理の具体的内容は何か、それは人類の歴史において、どのように作用し、また歪められてきたかを論じる計画をもっていた。

『道徳感情論』の初版を出版した後、スミスはグラスゴー大学で、法学に関する講義を行なった。学生がとったノートによれば、スミスは、正義の諸法だけでなく、生活行政、公収入、軍備などについても講義した。[5]スミスは、『道徳感情論』の最後で示した約束を果たそうと準備していたのだ。しかしながら、約束は部分的にしか果たされなかった。スミスは、正義に関する一般原理と実際の法の歴史についての著作を出版することなく、この世を去った。一方、生活行政、公収入、および軍備に関する一般原理と歴史は、二巻本の書物として出版された。その書物は、『国富論』（*An Inquiry into the Nature and Causes of the Wealth of Nations*）と名づけられた。『道徳感情論』の初版刊行から十七年後のことである。[6]

スミスは、諸国民の間の利害を調停する「万民の法」（law of nations）の一般原理を提示することはできなかったが、「万民の富」（wealth of nations）の一般原理を提示することはできた。それは、諸国民を豊かにし、諸国民をつなぎ、「万民の法」の形成を準備する、富の一般原理を意味した。

註

1　スミスは、『道徳感情論』の第四部第一章「有用であると見えることが、すべての学芸作品に付与する美しさについて、そしてこの種の美しさの広範な影響について」において、対象物がもつ効用（utility）、すなわち、対象物が目的にいかによく適合しているかということによっても、私たちの評価は影響を受けると論じる。完全に均斉のとれた四本の脚の椅子は、そのうちの一本が長かったり短かったりする椅子よりも美しく見える。スミスは、趣味の対象になるものに対する私たちの評価は、慣習と流行、および効用によって影響を受けると考えていたといえる。

2　スミスがここでいう「国際法」とは、国際的な公平な観察者の判断基準にもとづいて形成される正義の法ではなく、歴史上、各国の利害関心や策略にもとづいて結ばれてきた諸条約のことである。そのような現実の「国際法」について、スミスは次のように述べる。

「国際法自体が、大部分は、最もわかりやすく最も明白な正義の諸規則を、きわめてわずかしか考慮せずに定められたものである。罪のない人びとが罪のある人びとに対して（おそらく彼ら自身としてはやむをえず）、関係をもったり依存したりしていることがあっても、その理由で、罪のある人びとのかわりに受難したり処罰されたりしてはならないということは、最もわかりやすく最も明白な正義の諸規則のひとつである。最も不正な戦争においてさえ、罪があるのは主権者または支配者たちだけであるのが普通である。臣民たちは、ほとんどつねに、まったく罪がない。それにもかかわらず、交戦国にとって都合のいいときにはいつでも、平和な市民たちの財産は陸上でも海上でも押収され、彼らの土地は荒れるままにしておかれ、彼らの家は焼かれ、そして彼ら自身は、もしあえていくらかでも抵抗しようものならば、謀殺されるか捕虜にされる。そして、これらすべては、いわゆる国際法に最も完全に則って行なわれるのである」（『道徳感情論』三部三章）。

3　自然法学とは、自然法の存在を認め、それを基準に実定法を批判し、基礎づけようとする法理論である。自然法学の起源は、自然法の概念と同様、古代ギリシャ哲学に見ることができるが、自然法学が確立するのは近代ヨーロッパの法思想においてである。グロティウスが近代自然法学の創設者とされ、ホッブズ、ロック、プーフェンドルフ、ルソーなどの思想も、自然法学の系譜に入れられる。

4　グロティウスの主著は、『戦争と平和の法』（一六二五）である。日本語訳としては、グローチウス『戦争と平和の法』（一又正雄訳、酒井書店、一九九六年）がある。

5　学生ノートは、一八五九年にスコットランドの旧家の蔵書から発見された。日本語訳が、『法学講義』（水田洋訳、岩波文庫、二〇〇五年）として出版されている。

6

『道徳感情論』の最終版において、スミスは「読者に」という題の序文を追加し、その中で次のように述べている。

「この著作の初版の最終パラグラフで、私は次のことを述べた。すなわち、私は別の論説で、法と統治の一般原理と、それらが社会のさまざまな時代と時期において経過したさまざまな変革とについて、正義に関することだけでなく、生活行政、公収入、軍備、その他法の対象であるすべてのことについても説明するように努力するつもりだということである。諸国民の富の性質と原因に関する研究で、私は、この約束を部分的に、少なくとも生活行政、公収入、軍備に関するかぎり実行した」。

文中、スミスが「諸国民の富の性質と原因に関する研究」と言っているのは、『国富論』のことである。

Ⅱ 『国富論』の世界

第四章　『国富論』の概略

富の定義と源泉、および豊かさの一般原理

『国富論』の冒頭には「序文および本書の構想」（以下「構想」とする）が付され、『国富論』の目的と全体構造が簡潔に示されている。本章では、「構想」の全文を検討することによって、『国富論』の概略を把握することにしよう。「構想」の書き出しは、以下のとおりである。

すべての国民の年間の労働は、その国民が年間に消費するすべての生活の必需品や便益品を供給する原資であって、消費される必需品や便益品は、つねに、国民の労働の直接の生産物であるか、あるいはその生産物で他の諸国民から購入されるものである。

したがってこの生産物、またはこの生産物で購入されるものと、それを消費する人びとの数との割合が大きいか小さいかに応じて、その国民が必要とする必需品と便益品が十分に供給されているといえるかどうかが決まる。

この割合は、どの国民にあっても二つの異なる事情によって規定される。すなわち、第一には、その国民の労働が一般に使用される際の熟練、技量、および判断力によって、そして第二には、有用な労働に従事する人びとの数と、そうでない人びとの数との割合によって規定される。国の土壌や気候や国土の広さがいかなるものであろうとも、そうした特定の状況の中で、その国民が受ける必需品と便益品の年間の供給が豊かであるか乏しいかは、それら二つの事情に依存する。

引用文の第一段落は、『国富論』においてスミスが問題にする富の定義、および富の源泉を示す。すなわち、スミスは、必需品（necessaries）と便益品（conveniences）という物質的富を問題にすることを宣言する。また、スミスは、富を生み出す原資（fund）は労働であると明確に述べている。さらに、国民が消費する必需品と便益品は、国産品だけでなく外国製品も含まれていると述べ、『国富論』が扱う経済が、外国貿易も考慮に入れた経済、すなわち、オープン・エコノミーであることを示す。

第二段落は、国民の豊かさが定義されていると読むことができる。スミスは、国民の豊かさは、消費人口で割った必需品と便益品の総量によって表すことができると考える。

第三段落では、国民の豊かさが、二つの事情、すなわち、労働生産性、および生産的労働と不生産的労働の比率に依存することが示される。生産的労働とは、必需品と便益品の生産に直接従事する労働であり、不生産的労働とは、それらの生産に直接には従事しない労働である。たとえば、農地や工場で働く労働者の労働は生産的労働であるが、地主の屋敷や庭で働く召使いの労働は不生産的労働である。その他、不生産的労働の中には、歌手、俳優、教師、法律家、政治家、役人、兵士などの労働も含まれる。これらの労働は、いかに人を楽しませるものであっても、あるいは、いかに社会的に尊敬されるものであっても、直接、必需品や便益品を生産しないという意味で不生産的なのである。

スミスによれば、国民の豊かさを増進するためには、労働生産性を上昇させ、生産的労働の割合を高めなければならない。これが、国民の豊かさに関する最も基本的な一般原理である。それは、風土や国民性の違いにかかわらず、豊かさを増進するために、すべての諸国民がしたがわなければならない一般原理である。

第一編――分業

「構想」の最初で、富の定義と源泉、および豊かさの一般原理を示した後、スミスは、『国富論』を構成する五つの編の概略を示す。スミスは、第一編「労働の生産力の改良、および労働の生産物が国民のさまざまな階層の間に自然に分配される法則について」を次のように要約する。

必需品と便益品の供給が豊かであるか否かは、それら二つの事情［労働生産性と生産的労働・不生産的労働の比率］のうち、後者よりも前者によるところが大きいように思われる。猟師や漁夫からなる未開民族においては、働くことのできる個人は、すべて、多かれ少なかれ有用労働に従事し、自分自身を養うとともに、自分の家族または種族のうち、狩猟や漁獲に出かけるには高齢すぎたり、若すぎたり、病弱にすぎたりするような者を扶養《ふよう》することに努める。しかしながら、そのような民族は極度に貧しいために、幼児や高齢者や長びく病気にかかっている者を、ときには直接に殺害するか、ときには放置して飢え死にさせるか、野獣に食われるままにしなければならないことがしばしばある。少なくとも彼らは、そう考えている。

これに反し、文明化し繁栄している民族の間では、多数の人びとは全然労働しないのに、働く人びとの大部分よりも十倍、しばしば百倍もの労働の生産物を消費する。しかし、その社会の労働全体の生産物はきわめて多いので、すべての人が十分な供給を受けるし、最低最貧の労働者ですら、倹約かつ勤勉であれば、未開人が獲得しうるよりも大きな割合の生活必需品や便益品を享受することができる。

労働の生産力のこの増大の原因、および労働の生産物が社会のさまざまな階級や状態の人びとの間に自然に分配される法則が、本書の第一編の主題をなす。

スミスは、国民の豊かさに影響する二つの事情のうち、より重要なのは労働生産性の上昇であると考える。そして第一編では、労働生産性が分業によって飛躍的に高まることが示される。したがって、スミスにとって豊かさを増進する原動力は分業であるといえる。スミスは、分業が進んでいない未開社会と、分業が進んだ文明社会とを比較する。未開社会では、働く能力がある人はすべて労働し、生産物は社会構成員の間で可能なかぎり平等に分配される。しかしながら、労働生産性が、きわめて低いため、総生産物によってすべての社会構成員を養うことができない。そのため、幼児、高齢者、病人など、働くことができない人びとの一部が死に追いやられることになる。

一方、文明社会では、地主のように、働く能力があっても働かず、生産物の多くの割合を消費する人びとがいる。文明社会には未開社会にはない不平等が存在する。しかし、文明社会では、労働生産性が高いため、総生産物は、すべての社会構成員を養うことができる。そして、最下層の労働者ですら、未開社会の人びとよりも多くの必需品と便益品を消費できる。スミスにとって、国民の豊かさの増進とは、国民が消費できる必需品と便益品の平均量が増大するだけでなく、社会の最下層の労働者が消費できる必需品と便益品の量、つまり最低水準の富が増大することだといえる。

第二編――資本蓄積

第二編「資本の性質と蓄積と用途について」では、豊かさに影響する第二の事情、すなわち、生産的労働と不生産的労働について論じられる。スミスは、第二編について次のように述べる。

どの国民でも、労働が用いられる際の熟練、技量、判断力の実際の状態がいかなるものであれ、その状態が変わらなければ、年間の供給が豊富であるか稀少であるかは、有用労働に従事する人びとの数と、従事しない人びとの数との割合による。後に明らかにするように、有用かつ生産的な労働者の数は、どこでも、彼らを働かせる資本の量と、資本が用いられる方法とに比例する。それゆえ、第二編は、資本の性質、資本がしだいに蓄積されていく仕方、そして資本の用いられ方に応じて資本が作動させる労働量の相違を扱う。

スミスは、一国の労働全体に占める生産的労働の割合は、生産的労働を雇用するために用いられる資本の量に依存すると考える。したがって、スミスにとって、分業についで豊かさを増進するのは資本量である。第二編では、このような視点から資本蓄積の仕組みが考察される。

第三編――自然な経済発展の順序と現実の歴史

第一編と第二編は、豊かさに関する一般原理、すなわち、すべての諸国民がしたがわなければならない自然的原理を取り扱う。第三編「さまざまな国民における富裕の進歩の違いについて」も、第一章「富裕の自然的進歩について」は、資本投下の自然な順序(農業、製造業、外国貿易という順序)について論じているので、一般原理の説明の中に含まれるといってよい。しかしながら、第二章「ローマ帝国没落後のヨーロッパの旧状における農業の阻害について」、第三章「ローマ帝国没落後の諸都市の発生と発達について」、および第四章「都市の商業はどのようにして農村の改良に寄与したか」では、実際の歴史において、資本が自然な順序で投下されてこなかったことが示される。スミスは述べる。

労働が用いられる上での熟練、技量、判断力に関してかなり進歩した諸国民は、労働を全体として向かわせる方向に関して、きわめて異なる計画にしたがってきた。そして、それらの計画は必ずしもすべて生産物の増大に等しく有利であったわけではない。ある国の政策は農村の産業に特別な奨励を与えてきたし、別の国の政策は都市の産業に与えてきた。ほとんどどの国も、すべての種類の産業を平等かつ公平に扱ってはこなかった。ローマ帝国の没落以来、ヨーロッパの政策は、農村の産業である農業よりも、都市の産業である工芸、製造業、商業を優遇してきた。この政策を導入し確立したと思われる事情は、第三編で説明される。

ローマ帝国没落後のヨーロッパにおいて進められてきた経済政策や産業政策は、製造業や商業を優遇するものであった。スミスは、それらの政策が、その国の国民が消費できる必需品や便益品の平均量、あるいはその国の最下層の労働者が消費する必需品や便益品の量を、最大の速度で増加させたわけではないと考える。スミスは、あらゆる種類の産業は平等かつ公平に扱われるべきであり、そうすれば、経済は農業、製造業、外国貿易という自然な順序で発展し、豊かさは最も速く増大すると考えた。

第四編――重商主義体系

スミスによれば、間違った経済政策は、それを擁護するための間違った経済学の体系(systems of political economy)を生んだ。第四編「経済学の諸体系について」は、それら間違った経済学を取り扱う。

さまざまな計画は、おそらく、最初は特定層の人びとの私利や偏見によって、社会全体の福利に及ぼす影響についての配慮や予見もなしに導入されたのであった。しかし、それらの計画はきわめて多様な経済理論を生んだ。それらの中の、あるものは都市で行なわれる産業の重要さを強調し、別のものは農村で行なわれる産業の重要さを強調した。それらの理論は、学識者の意見だけでなく、主権者や国家の政治方針に対しても大きな影響を与えた。私は第四編で、それらの理論と、それらがさまざまな時代や国民に与えた主要な影響を、できるかぎり十分かつ明確に説明することに努めた。

スミスが批判対象とする主な経済学は、「重商主義体系」(mercantile system)と呼ばれるものである。重商主義体系は、金や銀の貨幣を富と同一視し、貨幣を増大させるために外国との貿易において黒字を生み出すような政策がとられるべきだと考える経済学である。スミスは、重商主義体系は、貿易黒字政策によって利益を得る人びとの利害や偏見から生まれたと考える。法学の歴史において、政府の利害関心や特定階級の利害関心のために、自然法学とは異なった実定法の体系が作られてきたように、経済学の歴史においても、一般原理とは異なった経済学の体系が作られてきたといえる。

スミスは、ヨーロッパの重商主義政策のひとつに、アメリカ大陸を中心とした植民地貿易があると考える。第四編で、スミスは、ヨーロッパがアメリカ大陸に植民地を建設した経緯、および植民地がヨーロッパにもたらす利益と損失を考察する。そして、アメリカ大陸に植民地を建設したヨーロッパの行為の動機がいかなる点から見ても称賛されるものではなかったこと、アメリカ植民地はヨーロッパに損失以外の何ものももたらさないことを示す。

第五編——財政

第一編から第四編までが、主として国民の豊かさを対象とするのに対し、第五編「主権者または国家の収入について」では、政府の支出と収入が扱われる。「構想」の最後の段落において、スミスは、次のように述べる。

最初の四編の目的は、国民の収入は何によるものなのか、あるいは、さまざまな時代と国において国民の年間の消費を満たす原資がどのような性質のものであったのかを説明することである。これに対して、最後の第五編は、主権者または国家の収入を扱う。この編で私が示そうと努めたのは、第一に、主権者または国家にとっての必要な費用は何であるのか、またそうした費用のうちのどれが社会全体の一般的納付金によって支払われるべきか、またそのうちのどれが社会のある特定部分だけの、つまりある特定の成員たちの納付金によって支払われるべきか、第二に、社会全体が負担すべき費用の支払いを社会全体が負担するのにどのような方法があるのか、そうした方法のそれぞれがもつ主な利点や欠点はどのようなものであるのか、第三に、そして最後に、近代のほとんどすべての政府が、税収のある部分を担保に借金をするに至った理由や原因、つまり国債を発行するに至った理由や原因は何であるのか、また国債が、真の富、すなわち社会の土地と労働による年生産物に対してどのような影響を与えてきたのかということである。

スミスは、社会の自然な繁栄とともに、政府は、防衛、司法、および公共事業のための、より大きな経費を必要とするようになることを認め、政府の必要経費を賄《まかな》う二つの方法——

税と国債――について論ずる。第五編では、政府の支出と収入に関する一般原理が論じられると同時に、実際のヨーロッパの歴史において、いかに一般原理が守られてこなかったか、つまり、各国の政府は、いかに無駄に経費を使ってきたか、いかに下手に課税してきたか、いかに安易に国債に頼ってきたかが考察される。そして、これらの間違った財政政策が、国民の生活を豊かにするはずであった富の成長を遅らせてきたことが論じられる。

スミスは、ヨーロッパ諸国における財政問題の原因のひとつが、ヨーロッパ諸国がアメリカ大陸にもつ植民地にあると考える。ヨーロッパは、何の利益も生まない植民地を維持し防衛するために莫大《ばくだい》な富を浪費している。この結論にもとづき、スミスは『国富論』の最後のところで、『国富論』出版の前年に起こった出来事、つまりアメリカ植民地の反乱に対してイギリス本国がとるべき政策を示す。

『道徳感情論』における予告と『国富論』の「構想」

以上が「構想」によって示される『国富論』の概略である。スミスが『道徳感情論』の最後で予告した生活行政、公収入、軍備の一般原理のうち、生活行政については、主として第一編から第四編、公収入と軍備については、主として第五編で取り扱われているといってよい。また、スミスは、『道徳感情論』において、正義（秩序）に関する一般原理が実際の歴史の中で歪められたと論じたように、『国富論』においても、豊かさ（繁栄）に関する一般原理が実際の歴史の中で歪められたと論じていると見てよい。このように、『道徳感情論』の最後においてスミスが示した一般原理に関する基本的見解、および予告された主題が『国富論』の中に見出される。以下の諸章では、『国富論』の議論を、より詳細に検討することにしよう。

第五章　繁栄の一般原理（1）——分業

1　分業と市場

分業の効果

繁栄の一般原理、すなわち、物質的豊かさを増進するために、あらゆる社会がしたがわなければならない自然的原理は、分業と資本蓄積である。これらのうち、豊かさを増進する、より重要な一般原理は分業である。スミスは、ピン生産の例を示し、ひとつの工場で、労働者たちが、すべての工程を一人で行なうよりも、工程ごとに分かれて、それぞれ専門的な業務を行なう方が、工場全体として高い生産性を実現することができると論じている。同様に、ひとつの社会で、人びとが、すべての職業を一人で行なうよりも、職業ごとに分かれ、それぞれ専門的な職務を果たす方が、社会全体として高い生産性を実現することができる。スミスが重視する分業の効果は、社会全体の生産性が向上することだけでなく、増加した生産物が社会の最下層にまで広がることである。スミスは、次のように論じる。

文明国においては、最下層の人でさえ、何千人もの人びとの助力と協力を通じて、［中略］彼が普通に使う生活設備の供給を受けている。たしかに、地位の高い人びとのもっと法外な奢侈に比べれば、最下層の人の生活設備は実に単純で容易に見えるにちがいない。しかし、ヨーロッパの王侯の生活設備が勤勉で質素な農夫のそれよりも優っている程度は、後者の生活設備が、何万もの裸の未開人の生命と自由の絶対的支配者であるアフリカの国王のそれよりも優っている程度には必ずしも及ばないであろう。（『国富論』一編一章）

このように、分業は、最下層の人びとの生活水準を、未開社会の国王の生活水準並みに、あるいは、それ以上に向上させる効果をもたらすのである。

交換性向

スミスは、社会的な分業を引き起こすのは、人間本性の中にある「交換性向」（propensity

to exchange）であると考える。交換性向について、スミスは、次のように述べる。

多くの利益を生み出すこの分業は、もともとは、それが生み出す一般的富裕を予見し意図するという人間の英知の結果ではない。それは、そのような広範な有用性をめざすわけではない人間本性の中のひとつの性向、すなわち、ある物を他の物と取引し、交換し、交易する性向の、きわめて緩慢《かんまん》で漸次《ぜんじ》的ではあるが、必然的な結果なのである。この性向が人間の本性の中にある、それ以上は説明できないような本源的な原理のひとつであるのかどうか、それとも、この方がもっともらしく思われるが、推理したり話したりする人間の能力の必然的な結果であるのかどうか、そのことは、本書の研究主題には入らない。（『国富論』一編二章）

注意すべきことは、スミスが、分業が交換の原因なのではなく、交換が分業の原因なのだと考えている点である。分業が進んだ社会では、各人は、少数または単一の種類の生産物を生産する。各人は、自分の生産物だけで自分の生活を支えることはできないので、市場において、自分の生産物を他人の生産物と交換する。一見すると、分業が交換を促す原因であるかのように見える。しかしながら、スミスによれば因果関係は逆である。もともと人間の中に、他人と物を交換しようとする性向があるために、その性向にもとづいて実際に交換の場が形成されるために、人びとは、単一の生産物の生産に特化することを決心できるのである。人間は、交換の場があるかないかわからなければ、単一の生産物に特化するリスクを負うことはないであろう。分業が進むためには、それに先立って交換の場が形成されており、より多くの生産物を交換の場に持ち込んでも買い手を見つけることができるという確信がなければならない。

説得性向

では、人間の交換性向は、分業をもたらす究極的な原因なのだろうか。引用文の中で、スミスは、交換性向は「推理したり話したりする人間の能力の必然的な結果」であると考える方が、「それ以上は説明できないような本源的な原理」であると考えることよりも、「もっともらしく思われる」と述べている。しかし、スミスは、『国富論』においては、これ以上の探求を「研究主題には入らない」として避けている。一方、『国富論』の出版前にスミスがグラスゴー大学で行なった講義に関する学生ノートには、次のように書かれている。

交換性向の本当の基礎は、人間本性の中であのように支配的な説得性向なのである。説得するための何かの議論が提起されるときには、それが適切な効果をもつことが、つねに期待される。ある人が月について、真実とはかぎらないことを何か主張するとき、彼は反論されるかもしれないことに不安を感じるであろう。そして、もしも説得しようとしている人が彼と同じ考え方をしていることがわかれば、彼は非常に喜ぶだろう。したがって、われわれは大いに説得能力を養成すべきであり、実際に、われわれは意図しないでそうしているのである。人間の全生涯が説得能力の訓練に費やされるのだから、その結果、物を交換するために必要な方法が取得されるにちがいない。[1]

交換性向の原因となる人間の能力は、『国富論』では「推理したり話したりする人間の能力」とされていたが、『法学講義』では、「説得性向」(principle to persuade) とされている。私たちは他人と言葉を交換する。その目的は、相手に自分の感情、意志、そして意見を伝え、相手の同感を得るためである。引用文では、ある人が月に関して確信がもてないことを話す例が挙げられている。彼は、自分の意見に他人が同感してくれれば喜び、同感してくれなければ不安になる。彼は、他人からの同感を得ようと、一所懸命、言葉を伝える。説得性向とは、他人からの同感を得ることを目的に、他人と言葉を交換しようとする人間の本性的傾向である。したがって、説得性向は同感という人間の能力を前提としているといえる。

説得性向にもとづいて言葉を交換する関係ができれば、それを、物を交換する関係へと発展させることができるであろう。つまり、「私の持っている物と、あなたの持っている物を交換しよう」と互いに相手を説得する関係を作ることができるであろう。私は、相手を説得して自分の提案に同感してもらった上で、相手の物を手に入れようとする。相手も同じことをする。両者が相手の提案に同感することができたときに、すなわち、両者の提案が一致したときに、物の交換が成立する。このように、交換は相互同感の上に成り立つ。

互恵の場としての市場

人間が他人と物を交換するのは、自分の生存を確かなものにし、境遇を改善するためである。スミスは、人間は他人からの援助がなければ生存できない存在であると考え、『道徳感情論』の中で次のように述べる。

人間社会のすべての構成員は、相互の援助を必要としているし、同様に相互の侵害にさらされている。必要な援助が、愛情から、感謝から、そして友情と尊敬から、相互に提供される場合は、その社会は繁栄し、そして幸福である。［中略］しかし、必要な援助が、そのように寛容で私心のない動機から提供されることがないとしても、また、その社会の構成員の間に相互の愛情や愛着がないとしても、その社会は、幸福さと快適さにおいて劣るとはいえ、必然的に解体することはないであろう。

社会は、さまざまな人びとの間で――さまざまな商人の間でそうであるように――相互の愛情や愛着がなくても、社会は有用であるという感覚によって存立する。そして、社会は、その中の誰も他人に対して責務や感謝を感じなくても、人びとが、ある一致した評価のもとで損得勘定にもとづいた世話を交換することによって、いぜんとして維持されるのである。(『道徳感情論』二部二編三章)

人間は、生まれてから死ぬまで、生存のために他人からの世話を必要とする。必要な世話がすべて、愛情、感謝、友情、尊敬から与えられるのならば、個人の人生は幸福であろう。また、そのような社会は最高に快適であろう。しかしながら、無償の世話は家族や親しい人に対してのみ期待できるのであって、見知らぬ人には期待できない。人間は普遍的な愛情をもつことはできないからである。

見知らぬ人から世話を受ける方法として考えられるのは、その人の物を強奪するか、その人を奴隷にすることである。しかし、もうひとつの方法がある。私はあなたが必要とする物をあなたにあげよう、そのかわり、あなたは私が必要とするものを私にください。このように相手を説得するのである。つまり、自分の世話と見知らぬ人の世話を交換するのである。交換は、他者への愛情にもとづいてはいない。むしろ、交換は、自分自身への愛、すなわち自愛心にもとづいている。スミスも、このことを認める。

われわれが食事ができると思うのは、肉屋や酒屋やパン屋の慈悲心に期待するからではなく、彼ら自身の利益に対する彼らの関心に期待するからである。われわれが呼びかけるのは、彼らの人間愛に対してではなく、自愛心に対してであり、われわれが彼らに語りかけるのは、われわれ自身の必要についてではなく、彼らの利益についてである。（『国富論』一編二章）

たとえば、私が重い病気にかかったとしよう。家族や親しい人は私のことを心配し、誠意を尽くして看病してくれるであろう。しかし、もしも家族や親しい人の中に医学の専門知識と技術をもった人がいなければ、私の命は助からないかもしれない。私は、専門医の世話を必要とする。医者が見知らぬ人であれば、私は、医者に対して無償の世話を期待することはできないであろう。しかし、私と同様、医者もまた自分の生存を確かなものにし、自分の境遇を改善したいという自愛心をもつ。そのため、私は報酬を支払うことによって、医者の世話を受けることができる。こうして、私は自分の生存をより確かなものにすることができる。そして、それを可能にするのは、自愛心をもつ私と医者の間の世話の交換なのである。

交換とは、同感、説得性向、交換性向、そして自愛心という人間の能力や性質にもとづいて行われる互恵《ごけい》的行為である。そして、市場とは、多数の人が参加して世話の交換を行なう場である。したがって、市場は本来、互恵の場であって、競争の場ではない。

競争と商業社会

しかし、「財産への道」を歩む人びとが市場に参加することによって、競争が発生する。「財産への道」を歩む人びとは、自分の世話に与えられる報酬、つまり他人からの世話をできるだけ多く獲得し、蓄積しようとする。より多くの報酬を得ようと思うならば、自分と同種の世話を提供する他の人よりも、より質のよい世話を、より安く、そしてより多く提供しなければならない。このようにして、市場において競争が起こる。競争は必ずしも全体にとって悪い結果をもたらすわけではない。競争を通じて、質の悪い世話、高くつく世話が市場から排除され、質のよい世話が、安価に、そして豊富に提供されるようになる。競争は互恵の質を高め、量を増すといえる。

しかしながら、このことが保証されるためには、競争はフェア・プレイのルールにしたがわなくてはならない。つまり、競争者は、虚偽、結託、強奪を行なわず、正義のルールにしたがって行動しなければならない。市場の参加者は、自分の世話の質を向上させ、世話の報酬率を下げることによって競争に勝つことは許されるが、取引相手をだましたり、他の人のじゃまをしたりすることによって競争に勝つことは許されない。独占とは、自分の優位を維持するために、何らかの手段を用いて、他の人が市場に参加することを妨害することであり、取引相手に独占がない場合よりも高くつく世話を押しつけることである。互恵の場としての市場に参加するということは、他人から強奪しない、他人を奴隷のように扱わないと約束することである。市場参加者が、この約束を守るかぎり、独占の精神は生まれてこないはずである。

スミスは、分業が進むためには、まず市場がなくてはならないと考えた。しかし、そのための市場とは、独占の精神によって支配される市場ではなく、フェア・プレイの精神によって支配される市場でなくてはならない。フェアな市場がある、世話の質を高め、よい評判を獲得すれば、正当な報酬が得られるという見込みがあってはじめて分業が可能になるのである。このような見込みのもとで、社会的な分業が進歩する。そして分業が確立すれば、社会のすべての人びとが、見知らぬ他人の世話、つまり他人の労働の生産物によって自分の生活を支えていくことができる。スミスは、このような社会を「商業社会」（commercial society）

と呼ぶ。

分業が完全に確立してしまうと、人が自分自身の労働の生産物で充足できるのは、欲求のうちのきわめてわずかな部分にすぎなくなる。人が欲求の圧倒的大部分を充足するのは、自分の労働の生産物のうちで、自身による消費を超える余剰《よじよう》部分を、他人の労働の生産物のうちで自分が必要とする部分と交換することによってである。こうして、すべての人が交換することによって生活するようになり、言いかえれば、ある程度商人になるのであり、社会そのものが商業社会と呼ぶのが適当なものになる。（『国富論』一編四章）

商業社会は、市場社会と言いかえられてもよいであろう。それは、愛情や慈恵によって支えられた社会ではない。自愛心によって支えられた社会である。しかし、市場社会を支えるのは自愛心だけではない。市場社会はフェア・プレイを受けいれる正義感と、交換を可能にする交換性向、そして説得性向によっても支えられている。正義感、交換性向、および説得性向は、同感という人間の能力にもとづいているのであるから、市場社会を支える根本は、自愛心とともに同感——他人の諸感情を自分の心の中に写しとり、それらと同様の感情を引き出そうとする情動的能力——であるといえる。

2　価格の動き

市場価格と自然価格

フェア・プレイの精神によって支配された市場では、世話の報酬率、つまり商品の価格はどのような動きをするであろうか。この問題に対するスミスの説明は以下のように要約することができる。

まず、スミスは、現実の価格は市場価格（market price）に一致すると考えた。市場価格とは、市場において需要と供給が一致することによって決まる価格である。もしも、現実の価格が市場価格を下回るならば、需要が供給を上回ることになり、その結果、各需要者は、その商品を買い損なうことのないように、より高い価格を受けいれる。反対に、現実の価格が市場価格を上回るならば、供給が需要を上回ることになり、その結果、供給者は、その商品を売り損なうことを避けるために、より低い価格を受けいれる。こうして、現実の価格は、需要者間の競争、供給者間の競争によって市場価格に一致する。

一方、自然価格（natural price）とは、賃金、利潤、地代の自然率によって構成される価格である。賃金、利潤、地代は、それぞれ、労働、資本、土地など、商品の生産に必要なサービスに対する報酬であり、それらの自然率とは、その社会において、一般的、平均的であるとされる報酬率（サービス単位あたりの報酬）のことである。[2] ある商品一単位の生産に必要な労働、資本、土地のサービス量は技術的に決まっているので、それらの量に、賃金、利潤、地代の自然率を掛け合わせれば、その商品の自然価格を求めることができる。[3]

もしも、この商品の市場価格が自然価格を上回れば、賃金、利潤、地代が自然率を上回ることになるであろう。この商品を生産する部門は、他の部門よりも報酬率がよい部門だということになる。そのため、労働、資本、土地のサービスの提供者が、他の部門から移動し、この部門に参入するであろう。その結果、この商品の供給が全般的に増大し、市場価格が低下する。反対に、もしも、この商品の市場価格が自然価格を下回れば、賃金、利潤、地代が自然率を下回ることになるであろう。この商品を生産する部門は、他の部門よりも報酬率が悪い部門だということになる。そのため、労働、資本、土地のサービスの提供者が、この部門から退出し、他の部門に移動するであろう。その結果、この商品の供給が全般的に減少し、市場価格が上昇する。

このようにして、長期的には、あらゆる商品の市場価格は、その自然価格に一致する傾向をもつ。[4] 現実の価格は市場価格に一致するのであるから、現実の価格が自然価格に一致する傾向をもつといってよい。

市場の機能と条件

スミスの説明において注意すべき点は四つある。第一に、市場は、人びとが欲する商品をリーズナブルな価格で豊富に提供するということである。ある商品に対する人びとの需要が増えれば、市場価格は高騰《こうとう》し、自然価格を上回る。しかし、他の部門から労働、資本、土地のサービスが参入することによって供給が増え、やがて市場価格は自然価格に一致するところまで低下する。自然価格は、誰も、それよりも低い価格では供給しようとしない価格であるから、実現可能な最低価格、つまり買い手にとってリーズナブルな価格といえる。市場価格が低下する結果、最初は欲しくても高くて買えなかった人びとのもとに商品が届くようになる。[5]

第二に、市場においては誰も相対的に優位な状態を維持し続けることはできないということである。ある商品に対する需要が急に増えることにより、市場価格が上昇して自然価格を上回ることがある。あるいは、生産者の技術革新によってコストが削減され、自然価格が低下して市場価格を下回ることがある。いずれの場合も、当該部門の賃金、利潤、地代は自然率を上回るであろう。しかし、この部門の優位さは一時的なものでしかない。他部門からの労働、資本、土地のサービスの参入によって、この優位さは、やがて失われる。市場は、特定の参加者が相対的優位さを維持し続けることを防ぐという意味で、公平化を促す機能をもっているといえる。

第三に、これらの市場の機能を支えているのは市場参加者の自愛心または利己心であるということである。たとえば、需要過剰のとき、需要者は、買い損なうことを避けたいという動機から、より高い価格を受けいれる。反対に、供給過剰のとき、供給者は、売り損なうことを避けたいという動機から、より低い価格を受けいれる。また、労働、資本、土地のサービスの提供者は、報酬率が最も高い部門に自分のサービスを提供しようとする。これらは、すべて当事者の自愛心または利己心にもとづく行動である。スミスは、労働を雇用するための資本を所有する人が、どの部門に投資するかを考える場面を想定して、次のように述べる。

> どの個人も、できるだけ自分の資本を国内の労働を支えることに用いるよう努め、その生産物が最大の価値をもつように労働を方向づけることにも努めるのであるから、必然的に社会の年間の収入をできるだけ大きくしようと努めることになる。たしかに個人は、一般に公共の利益を推進しようと意図してもいないし、どれほど推進しているかを知っているわけでもない。［中略］個人はこの場合にも、他の多くの場合と同様に、見えざる手に導かれて、自分の意図の中にはまったくなかった目的を推進するのである。それが個人の

意図にまったくなかったということは、必ずしも社会にとって悪いわけではない。自分自身の利益を追求することによって、個人はしばしば、社会の利益を、実際にそれを促進しようと意図する場合よりも効果的に推進するのである。（『国富論』四編二章／傍点は引用者による）

この箇所は、『国富論』の中で「見えざる手」という言葉が出てくる唯一の箇所である。ここでいう「見えざる手」は、市場の価格調整メカニズムを意味する。スミスは、個人の利己心は、市場の価格調整メカニズムを通じて、公共の利益を促進する――互恵の質を高め量を拡大する――と考えた。

第四に注意すべき点は、市場が公共の利益を促進するためには、市場参加者の利己心だけでなく、フェア・プレイの精神も必要だということである。需要過剰のときに現実の価格が上がるのは、供給者と結託して、これまでの価格で横流ししてもらおうとする需要者がいないからである。供給過剰のときに現実の価格が下がるのは、需要者と結託して、これまでの価格で買い取ってもらおうとする供給者がいないからである。また、市場価格が自然価格に一致するのは、資本、労働、土地のサービスが、部門間を自由に移動できるからであり、それが可能なのは、どの部門も資本、労働、土地のサービスが参入するのを妨げる人為的な障壁が設けられていないからである。スミスは、供給側に独占がある場合、あるいは独占に匹敵する特権が与えられている場合、自然価格を上回る市場価格が維持されると考える。

同業組合の排他的特権と、徒弟法、および特定の職業での競争を、それがなければ参入によって増えるかもしれない数よりも少人数に限定するすべての法律は、程度は劣るにしても独占と同じ傾向をもっている。それらは一種の拡大された独占であり、しばしば何世代にもわたって、またすべての種類の職業で、特定商品の市場価格を自然価格以上に保ち、そこで用いられる労働の賃金と資本の利潤とを自然率よりもいくらか高くする。市場価格が自然価格を上回る状態は、それを生んだ行政上の規制があるかぎり続くであろう。(『国富論』一編七章)

以上のように、市場は、人びとの欲求に応じて諸商品をリーズナブルな価格で豊富に届け、また、特定の市場参加者が優位な状態を独占することを防ぐ。これらの機能を保証するのは、フェア・プレイのルールにしたがった競争である。人為的な規制によって、特定の市場参加者に特権が与えられる場合、すなわち、フェア・プレイのルールが侵犯される場合、市場は本来の機能を果たすことができなくなる。

3　貨幣の役割と影響

金属貨幣の普及

スミスによれば、市場の拡大とともに貨幣が発見された。貨幣は非常に便利な道具である。貨幣がない場合、つまり物々交換の場合、欲望の一致がなければ物と物は交換されない。たとえば、私が小麦を持っているとする。そして、私は衣服が欲しいと思っているとする。私は、市場で小麦を欲しいと思っている人を見つける。しかし、その人が持っているものが、衣服ではなく、靴であるならば、取引は成立しない。私が欲しいのは衣服であって靴ではないからである。貨幣があれば、この問題を解決することができる。貨幣とは、市場参加者が、誰もが喜んで受け取ると信じている商品だからである。私は、小麦を欲しいと思っている人に小麦を売り、貨幣を受け取る。そして、受け取った貨幣を使って、衣服を持っている人から衣服を買う。このように、貨幣は市場における取引成立の可能性を飛躍的に高める。実際、すべての市場社会において、貨幣が発見され、用いられてきた。そして、貨幣にふさわしい商品として、最終的には金や銀などの貴金属が選ばれた。[6]

金や銀が貨幣として選ばれたことには合理的な理由がある。まず、金や銀は磨耗《まもう》しにくく、価値を保存する手段として優れている。貨幣として家畜を用いた場合と比べるならば、このことは明らかであろう。また、金や銀は、家畜と比べて持ち運びが便利であり、交換手段としても適している。さらに、金や銀は、鉱山の奥に隠されていて、稀少《きしょう》で、手に入れにくい。このことは、誰もが喜んで受けいれる商品として適している。貨幣が砂やありふれた貝殻のように、誰でも容易に手に入れることができるならば、すべての人が喜んで受け取る商品にはならないであろう。

貨幣錯覚の発生

市場の拡大とともに、金や銀が交換媒体として広く用いられるようになり、すべての商品の価格は、その商品一単位と交換される金や銀の重量で表示されるようになった。このことは、人びとの間に、貨幣を富と思いこむという錯覚《さっかく》（貨幣錯覚）を引き起こすことになった。人びとは金や銀を称賛し、金や銀を求めるようになり、自分が所有する貨幣の名目額が増えれば、自分が豊かになったと思うようになった。称賛に値するのは、つまり本当に価値があるのは貨幣ではなく、それと交換される必需品や便益品である。それにもかかわらず、人びとは、金や銀自体が真の価値をもつものであるかのように思うようになった。

この錯覚は、個人だけでなく、国の富を管理する為政者についてもあてはまった。実際、近代のヨーロッパ諸国は、貿易黒字を人為的に作り出して、一国が保有する金属貨幣の数量を増大しようとする経済政策、すなわち重商主義の経済政策をとるようになった。たしかに、一国に存在する金や銀の金属貨幣の量が増大すれば、金属貨幣を除くすべての商品の名目価格は比例的に上昇し、この国の富——必需品と便益品の合計——の名目額は増大するであろう。しかしながら、他の事情が一定であれば、この国の富自体の総量に変化はない。また、金や銀は必需品・便益品としての役割をほとんどもたない。したがって、金属貨幣の量が増大しても、その国の人びとの暮らし向きはよくならない。もちろん、貿易黒字によって得た金や銀で外国から必需品や便益品、あるいは軍需品を輸入することができる。しかし、それらが本当に必要ならば、それらを最初から輸入すればよかったのである。また、国内の貨幣量が増大して、すべての商品の名目価格が上昇すれば、輸出品の国際競争力が弱まり、貿易黒字はやがて消滅するであろう。

このように、重商主義政策は、一国の豊かさの増進という視点から見て得策とはいえない。さらに、人類全体の繁栄という視点から見れば、人間労働が必需品や便益品の生産に向かうのではなく、交換媒体にすぎない金や銀の発掘、あるいは奪い合いに向かうのは、まったく愚かなことだといわなければならない。重商主義政策は、貨幣を富と錯覚することの上に築かれた政策であり、称賛されるものを称賛に値するものと錯覚する「弱い人」の経済政策であるといえる。『国富論』の目的のひとつは、この錯覚から人びとを目覚めさせ、真の豊かさをもたらす一般原理に導くことにあった。

註

1 『法学講義』（水田洋訳、岩波文庫、二〇〇五年）、二八二頁。ただし、引用文は訳文のとおりではない。

2 スミスは、賃金、利潤、地代の自然率は、社会が進歩している状態にあるか、一定の状態にあるか、それとも衰退している状態にあるかによって左右されると考える。

3 たとえば、ある社会において、賃金、利潤、地代の自然率が、それぞれ、一〇〇〇円／時間、五パーセント、五〇〇円／平方メートルであったとしよう。また、ある商品一単位の生産に労働一時間、資本一〇〇〇〇円、土地一〇平方メートルの投入が必要であったとしよう。このとき、この商品の自然価格は、一〇〇〇円×一＋〇・〇五×一〇〇〇〇円＋五〇〇円×一〇＝六五〇〇円になる。この商品の市場価格が、六五〇〇円よりも高ければ、賃金、利潤、地代のすべて、またはどれかが自然率を上回る報酬を受け取ることになるであろう。反対に、市場価格が六五〇〇円よりも低ければ、賃金、利潤、地代のすべて、またはどれかが自然率を下回る報酬を受け取ることになるであろう。

4 スミスは、ある商品について、自然価格を支払う意志のある人の需要を「有効需要」（effectual

demand）と呼んだ。供給が有効需要に一致する場合には、市場価格は自然価格に一致するであろう。供給が有効需要を下回るときには、市場価格は自然価格を上回るであろう。反対に、供給が有効需要を上回るときには、市場価格は自然価格を下回るであろう。したがって、すべての商品の市場価格が自然価格に一致する傾向をもつということは、すべての商品の供給が有効需要に一致する傾向をもつということである。

5　スミスは、独占価格を実現可能な最高価格、自然価格を実現可能な最低価格と考え、次のように述べる。

「独占価格は、どの場合にも、獲得できる最高の価格である。逆に自然価格、すなわち自由競争価格は、たしかにすべての場合にではないにしても、かなりの期間にわたって獲得できる最低価格である。独占価格は、どの場合にも、買い手からしぼり取ることができる価格、すなわち買い手が与えることに同意すると思われる最高の価格である。自然価格は、売り手が不満なく受け取ることができ、また同時に自分たちの仕事を継続することができる最低の価格である」（『国富論』一編七章）。

6　『国富論』一編四章を見よ。

第六章　繁栄の一般原理（2）——資本蓄積

1　分業と資本蓄積

分業に先立つ資本蓄積

豊かさを増進する第二の方法は資本蓄積である。スミスは、分業が進むためには、それに先立って、ある程度の資本が蓄積されていなければならないと考える。

資本の蓄積は、ものごとの性質上、分業に先立っていなければならない。資本の蓄積が先行して進むことに応じてのみ、分業の進展が可能になるのである。分業が進むにつれて、同数の人びとが加工する原材料の総量は大幅に増加する。また、各人の作業が徐々に単純化されていくとともに、それらの作業を容易にし、短縮するために、さまざまな新しい機械が発明される。したがって、分業が進む中で、同数の職人に雇用を与え続けるためには、以前と同量の食料のストックとともに、分業が進んでいなかったときに必要とされた量よりも多量の原材料と道具のストックが、前もって蓄積されていなければならない。（『国富論』二編序論）

スミスは、ひとつの工場で、一人の労働者が全工程の業務を行なうよりも、多くの労働者がひとつの業務に特化した方が、労働者一人あたりの一日の生産量は増えると考えた。しかしながら、分業による生産量の増大が実現するためには、生産に必要な、より多くの材料が前もって用意されていなければならない。たとえば、ピンの生産が増えるためには、より多くの針金がなければならない。また、分業によって、各業務で使われる道具や機械の種類と数量が増えるので、分業の効果を十分に引き出すためには、道具や機械も前もって用意されていなければならない。このことは、社会的な分業についてもあてはまるであろう。したがって、社会全体の生産物が構成員を養うだけで精一杯である状態では、分業は起こらないであろう。分業が可能になるためには、社会の構成員を養うのに必要な生産物を上回る生産物、つまり剰余生産物が存在し、蓄積されていなければならない。

人類が未開社会から文明社会に向かって本格的に進み出すためには、分業が始まる前に、交換の場が形成されるとともに、ある程度の資本が蓄積されなければならないといえる。

2 階級社会と資本蓄積

社会の三階級と生産物の分配

『国富論』の中で、スミスが想定する文明社会は階級社会である。社会は、主として、地主、資本家、労働者の三階級からなる。地主は土地を所有する階級であり、資本家は、原材料や労働者を維持するための食料などの流動資本、および道具や機械などの固定資本を所有する階級である。労働者は自分の労働以外、何も所有しない階級である。生産は、土地、資本、および労働を用いて行なわれる。生産を組織するのは資本家である。資本家は、地主から土地を借り、労働者を雇い、さらに自分の資本を使って生産を行なう。そして、地主には土地の賃貸料として地代を払い、労働者には労働の報酬として賃金を払い、自分自身は利潤を獲得する。

このようにして、社会全体の生産物が三階級の間に分配される。分配の状態は、生産に用いられる土地、資本、および労働の量と、地代、利潤、および賃金の高低に依存する。長期的には、すべての商品の市場価格は自然価格に一致し、地代、利潤、賃金は自然率に収束するのであるから、分配を規定するのは、生産に用いられる土地、資本、および労働の量とともに、地代、利潤、および賃金の自然率であるといえる。

スミスは、賃金の自然率は、富が増大しているときに高く、減少しているときに低いと考える。富が増大しているときには、労働を雇用するための資本も増大し、より多くの労働者が雇用される。賃金は上昇し、「普通の人間たることに反しない最低の率」（『国富論』一編八章）を上回る。その結果、人口が増大する。このように、高い賃金は富の増大の結果であり、人口の増大の原因である。[1] 反対に、低い賃金は富の減少の結果である。スミスは、富が減少して雇用が減るときの労働者の状態について、次のように述べる。

　労働者階級のうち、上層で育った人たちは、本来の職業では仕事を見つけることができないため、最下層の仕事を求めるようになるだろう。しかし、最下層の仕事も、もともとの働き手だけでなく、他のすべての階層からあふれてきた働き手が過剰となっているため、雇用を求める競争は激しくなり、労働の賃金を、労働者の最も惨めで乏しい生計の水準まで引き下げるだろう。多くの人びとは、こうした厳しい条件でさえ雇用を見つけることができず、飢えるか、あるいは物乞《ものご》いをするなり、極悪非道を犯すなりして、生計を求める

ことになるだろう。(『国富論』一編八章)

労働に対する需要の減少は、最低の業務の賃金を、「普通の人間たることに反しない最低の率」まで引き下げるとともに、失業を発生させる。労働者は、何とか職について最低水準の収入を得ることができる人と、それすら手に入れることができない人に分かれる。後者の人びとは、他人の施しに頼ることによって、あるいは犯罪を行なうことによって生計を立てていかなければならない。労働者階級の暮らし向きは全体的に悪くなり、その結果、人口が減少する。

成長の目的

以上の議論を踏まえた上で、スミスが考える階級社会を図示すれば、図6-1のようになる。社会は、地主、資本家、労働者の三つの階級によって構成される。地主は上流階級であり、大きな富と高い地位をもつ。地主は、労働することなく、土地を資本家に貸し付けることによって収入を得るのであるから、不労階級といえる。また、地主は、政治的な支配階級であるとともに、社会の他の階級の憧れの的であるという意味で貴族階級でもある。[2]

資本家は中流階級であり、地主と比べれば、富は大きくなく、地位は高くないが、資本を所有し、社会の生産を組織する役割をもつ。資本家は、地主から土地を借り、対価として地代を支払う。また、労働者を雇い、対価として賃金を払う。生産を組織することによって、資本家自身は利潤を獲得する。資本家は、野心をもつ。資本を有効に使用し、利潤を蓄積することによって、より大きな富を形成し、いつかは上流階級の仲間入りをしようという野心である。

図6－1　社会の三階級

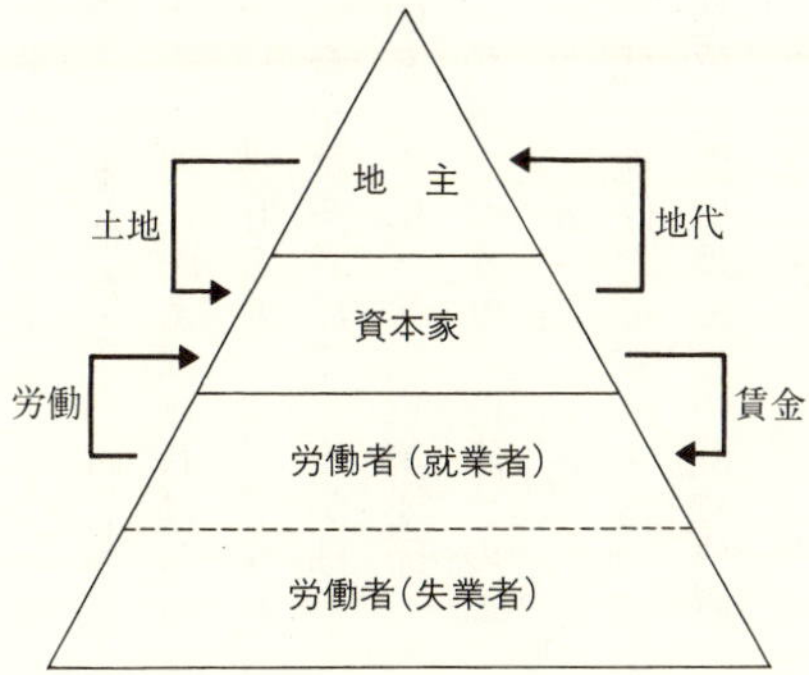

労働者は下層階級である。労働者は、資本家によって雇用され、賃金を受け取ることによって生活を維持する人びとである。労働者階級は、就業者と失業者に分けられる。就業者は、なすべき仕事をもち、少なくとも最低水準の収入を得て、人並みの生活をすることができる人びとである。彼らは、序章（一一頁）で示したホガースの「ビール街」に描かれている人びとであるといってよい。一方、失業者は、なすべき仕事がなく、最低水準の収入すら得られない人びとであり、他人からの施し、または犯罪によって生計を立てていかなければならない人びとである。彼らは、ホガースの「ジン横丁」に描かれ

ている人びとであるといってよい。彼らは、『道徳感情論』(一部三編一章)で述べられた、「健康で、負債がなく、良心にやましいところがない」生活を送ることができない。彼らは、貧困の不便に耐えなければならないだけでなく、世間からの軽蔑と無視にも耐えなければならない。彼らの希望はくじかれ、心の平静は乱される。下層階級の人びとのうち、どれだけの割合を就業者にできるかは、もっぱら、資本家による資本の蓄積にかかっている。

図6-1に、第二章第4節「徳への道と財産への道」で用いた図2-2(九三頁)の左側の三角形、つまり「財産への道」を表す三角形を重ねてみよう。図6-1の「地主」は、図2-2の「富・高い地位」に対応し、図6-1の「労働者(失業者)」は図2-2の「貧困・低い地位」に対応する。「資本家」および「労働者(就業者)」は、富と貧困、または高い地位と低い地位の中間に位置する。図2-2から、世間は、地主に対して尊敬と感嘆を与え、失業者に対して軽蔑と無視を与えるといえる。

さらに、図6-1に富と幸福の関係を表す図2-1(八三頁)を対応させてみよう。失業者の状態は、図2-1の線分ABの状態——最低水準の富を獲得できない状態——に対応する。この状態によって、「弱い人」はもちろん「賢人」ですら苦しめられ、非常に低い水準の幸福しか得られない。一方、労働者のうちの最下層の業務の就業者は、図2-1の点Cの状態にあり、なんとか最低水準の富を獲得して平静な生活を送ることができる。

資本家は、「財産への道」を熱心に歩む人である。図２－１の線分ＣＤが示すように、最低水準の富をもっていれば、それ以上の富の増加は、その人の幸福を究極的には高めることはないにもかかわらず、資本家は、線分ＣＥによって示されるような富と幸福の関係を想像する。資本家は、事業に成功し、いつかは地主のような富と地位を獲得し、あるいは実際に地主になって、優雅な生活を送り、世間から尊敬と感嘆を得たいと願う。資本家は、このような野心から資本を蓄積する。資本家が、「財産への道」を歩む中で「徳への道」をも歩み、慎慮、正義、不動、節制の徳を身につけるのであれば、資本家の行動が社会に有害な結果をもたらすことはない。むしろ、資本家が資本を蓄積し、事業を拡大することによって、経済は成長し、労働に対する需要が増える。その結果、労働者階級の中の失業者の割合は小さくなり——あるいはゼロになり——賃金の自然率は上昇する。こうして、資本家は、意図することなく、労働者階級の境遇を改善する。

図２－１によって示される富と幸福の関係を考えるならば、社会の幸福を最大にするということは、最低水準の富すら獲得できない人の数、つまり線分ＡＢの状態にある人の数を可能なかぎり少なくするということである。このための方策として考えられるのは、政府が上流階級および中流階級の人びとに課税して、その収入を線分ＡＢの状態にある人びとに分け与えることである。しかしながら、スミスはこのような再分配政策を明確には支持しなかっ

た。線分ＡＢの状態にある人びとは、最低水準の富を手にするだけでなく、世間の軽蔑や無視からも自由にならなければならない。彼らは富とともに独立心をも獲得しなければならないのだ。したがって、彼らに与えられるべきものは、「施し」ではなく、「仕事」である。そして、この目的を達成することができるのは政府ではなく資本家である。資本家が資本を蓄積することによって労働需要が増大し、仕事のない人に仕事が与えられるようになるからである。スミスは、このように考えて経済成長を重視したと思われる。次節では、より多くの人に仕事が与えられる仕組み、つまり資本蓄積の仕組みを考察しよう。

3　資本蓄積の仕組み

図と数値例による説明

資本蓄積の仕組みに関するスミスの考えは、『国富論』の第二編第三章「資本の蓄積について、あるいは生産的労働と不生産的労働について」において論じられている。スミスが考える資本蓄積の仕組みは、図６－２によって示すことができる。ただし、図では、議論を簡単にするために、単一の生産物、たとえば小麦を労働のみによって生産し、土地、原材料、および固定資本は用いられないと仮定する。労働の投入から生産物の産出までには一定の期

図6－2　資本蓄積の仕組み

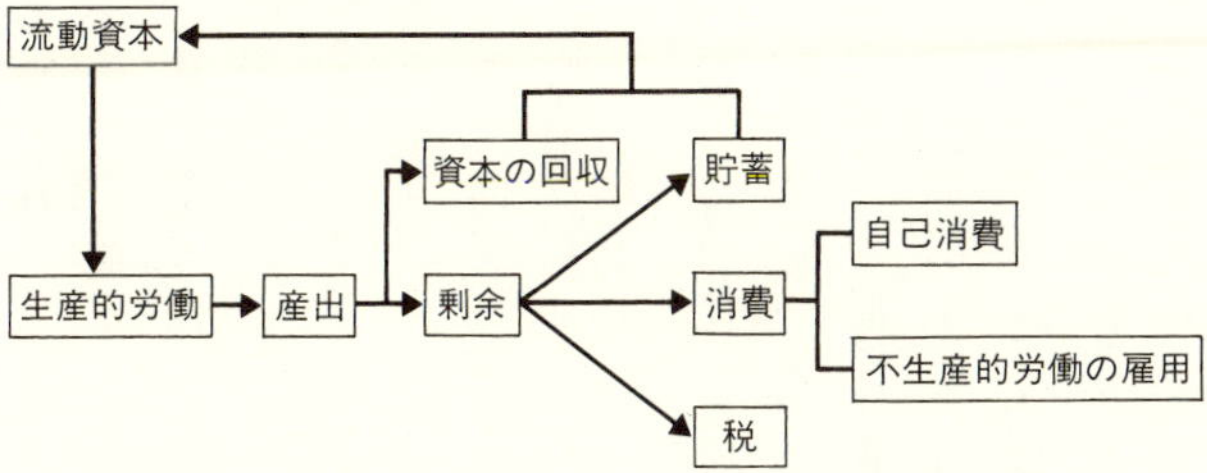

間（生産期間）が必要であり、資本家は、生産の間、労働者を維持するための流動資本を所有し、流動資本は産出される生産物と同じ種類の生産物からなるとする。

資本家は、今期のはじめ、流動資本を使って生産的労働者を雇用する。生産的労働とは生産に直接従事する労働である。生産的労働者は流動資本によって生活を維持しながら生産に従事する。一定期間の後、生産物が産出される。産出された生産物は、すべて資本家のものとなる。生産物のうち、一部は、期首に投入した流動資本の回収と見なされ、それを上回る部分は剰余と見なされる。剰余の一部は税として政府に支払われ、残りは、貯蓄されるか消費される。消費の内訳は、自己消費、および不生産的労働の雇用である。不生産的労働とは生産に直接従事しない労働であり、召使いなど、資本家に私的なサービスを提供する労働である。回収された資本に貯蓄が加わり、次期の生産に用いられる資本が用意される。このように、毎期、資本が蓄積され、雇用と生産が拡大する。

数値例を使って説明してみよう。資本家が今期のはじめに流動資本として小麦一〇トンを持っていたと仮定し、労働者一人あたりの賃金が小麦一トンであったと仮定しよう。資本家は、流動資本を使って労働者一〇人を雇用し、小麦の生産に従事させることができる。一定期間の後、産出として一五トンの小麦が得られたとしよう。この場合、労働生産性（労働者一人あたりの小麦の産出量）は一・五トンである。一五トンの小麦はすべて資本家の所有するところとなる。小麦一五トンのうち、期首において労働者を雇うために用いられた一〇トンは資本の回収と見なされ、残りの五トンは剰余と見なされる。剰余五トンのうち、税金として政府に支払われるのが一トン、消費されるのが二トン、貯蓄されるのが二トンであるとしよう。さらに、消費のうち、一トンは資本家自身によって消費され、一トンは不生産的労働者、たとえば召使いの雇用にあてられるとしよう。不生産的労働の賃金も、生産的労働の賃金と同様、小麦一トンであるとするならば、資本家は一人の召使いを雇うことができる。次期の資本は、今期に回収された資本一〇トンと貯蓄二トンを合わせた一二トンになる。したがって、次期の生産には労働者一二人が投入される。労働生産性が今期と変わらず一・五トンならば、一八トンの産出が得られるであろう。一八トンのうち、一二トンは資本の回収であり、六トンが剰余となる。六トンの剰余は、一部は税として支払われ、一部は消費され、残りが貯蓄される。このようなプロセスの繰り返しによって資本は増大する。

以上の議論から言えることが二つある。第一に、資本家が貯蓄するかぎり、資本、雇用、および生産は成長し、資本家の貯蓄が大きければ大きいほど、それらの成長は速いということである。このことは、資本家の消費が小さければ小さいほど成長が速いことを意味する。資本家の消費は自己消費と不生産的労働の雇用からなる。自己消費は資本家が生きていくために不可欠であるとするならば、不生産的労働の雇用を減らすことによって成長を高めることができる。解雇された不生産的労働者は、増加した資本によって生産的労働者として雇用される。要するに、資本蓄積とは不生産的労働を生産的労働に切り替えることを意味する。『国富論』の第二編第三章のタイトルが、「資本の蓄積について、あるいは生産的労働および不生産的労働について」となっているのは、このためである。

第二に注意すべき点は、資本家の消費が不変であるならば、税の支払いが小さければ小さいほど資本家の貯蓄が大きくなるということである。税によって徴収された生産物は、主として公務員や軍人の雇用に用いられる。公務員や軍人は、生産に直接携わる労働者ではないので、不生産的労働者である。税の支払いが小さくなり、その分、資本家の貯蓄が大きくなれば、政府部門の不生産的労働を民間部門の生産的労働として用いることができる。

このように、資本家に代表される個人の消費が小さければ小さいほど、そして政府の支出が小さければ小さいほど資本蓄積は速く進む。反対に、資本蓄積を遅らせるものは、個人や政府による浪費《ろうひ》である。スミスにとって、個人の浪費と政府の浪費のうち、どちらが、より注意すべきことであったのだろうか。

資本蓄積を妨げる要因(1)——個人の浪費

スミスは、個人の浪費について次のように述べる。

浪費についていうなら、支出に駆り立てる性向は、現在の享楽を求める情念である。この情念は、ときには激しくて、きわめて抑制しがたいこともあるが、一般には瞬間的で、たまにしか起きない。これに対し、貯蓄に駆り立てる原理は、自分の状態を改善しようとする欲求である。この欲求は、一般には平静で非激情的ではあるが、胎内からわれわれとともに生まれ、われわれが墓に入るまで決して離れることがない。〔中略〕ほとんどの人は、支出性向にときどき支配され、また、人によっては、ほとんどの場合に支配されるのであるが、大部分の人びとにおいては、生涯の平均をとれば、支出性向よりも倹約性向の方が優位を占め、その優位さは著しいように思われる。(『国富論』二編三章)

スミスによれば、人間には支出性向と倹約性向の両方がある。そして、一般的、長期的に私たちを支配するのは倹約性向の方である。私たちは、自分の生存を安全なものにし、自分の状態を改善しようとする欲求を本性としてもっている。この欲求にしたがって、私たちは、目の前にある生産物のすべてを消費してしまうのではなく、将来必要になったときのためにとっておく傾向をもつ。この傾向が倹約性向である。また、『道徳感情論』で論じられるように、私たちは、他人の目に触れることを意識するようになると、他人からの称賛を得ることを目的として、より大きな財産を形成しようとする。このため、私たちは、いっそうの倹約を励行する。

もちろん、私たちは、消費に対する強い欲求、すなわち支出性向を本性としてもつために、衝動的に大きな支出を行なうこともある。また、他人からの称賛を得ようとして収入に見合わない過剰な支出を行なうこともある。しかし、私たちは、浪費を続けることが自分の身を滅ぼすことを知っているので、一般的、長期的には、支出性向を抑え、倹約性向にしたがおうとする。私たちの中にある「慎慮」が支出性向よりも倹約性向を優先させるといえる。したがって、諸個人における浪費が社会全体を貧しくすることは、ほとんどありえない。

資本蓄積を妨げる要因（2）——政府の浪費

一方、スミスは、「大国が、私的な浪費や不始末によって貧しくなることは決してないが、公的な浪費や不始末によって貧しくなることはときどきある」(『国富論』二編三章)と考える。個人が自分の財産を管理するときに見られる慎慮と倹約性向は、公共財産を管理する場合には見られない。自分の財産の管理に失敗すれば自分の身の破滅をもたらすのに対し、公共財産――他人の財産――の管理に失敗しても自分の身の破滅をもたらすわけではないからである。しかも、階級社会においては、公共財産を管理する、言いかえれば政治を支配するのは、主として地主階級である。地主階級は不労階級であり、倹約性向が弱く、財産を管理・運用する経験や知識に乏しい。スミスは、公共財産の管理者としての地主階級の適性について次のように論じる。

[地主階級・資本家階級・労働者階級の]三つの階級の中で、地主階級だけは、収入が労働も気苦労もなしに、いわばひとりでに、彼ら自身の企図とは無関係に入ってくる。境遇が安楽で安定していることの自然な結果として、地主は怠惰になり、そのため、彼らは単に無知であるだけでなく、公的に定める規則の結果を予測し理解するために必要とされる知性の活用もできないことが多い。(『国富論』一編十一章)

一方、商人や親方製造業者などの資本家階級は、財産の管理・運営に関して地主よりも多くの経験と知識をもつ。倹約性向も地主階級よりも強い。では、資本家階級が公共財産の管理人としてふさわしいかというと、必ずしもそうではない。資本家階級には致命的な欠点がある。それは、地主階級と比べて公共精神に乏しく、時として、自分自身の利益のために公共の利益を犠牲にすることがあるということである。[3] 実際、当時のイギリスにおいて、一部の大商人や親方製造業者は、政治的支配階級、すなわち地主（郷士《ごうし》）に働きかけて、自分たちが利益を独占できる規則や制度——競争を制限する規則や制度——を作らせていた。特権的な商人や親方製造業者に対するスミスの批判は厳しい。

商人や親方製造業者は、しばしば郷士の寛大さにつけこみ、郷士の利害ではなく自分たちの利害が公共の利害と一致するのだという、まことに単純ではあるが正直な信念から、郷士を説得して彼の利益をも公共の利益をも放棄させてきた。しかしながら、商業や製造業のどの部門でも、業者たちの利害は、つねに何らかの点で公共の利害とは異なるし、それに対立することもある。市場を拡大し、競争を制限することは、つねに業者たちの利益となる。市場を拡大することは、しばしば公共の利益と十分一致するであろう。しかし、競争を制限することは、つねに公共の利益に反するにちがいない。競争の制限によって、業者たちは利潤を自然な水準以上に引き上げることができ、自分たちの利益のために、他のすべての同胞市民たちに、ばかげた税を課すことができる。商業上の何か新しい法律または規制について、この階級から提案されるものには、つねに多大の用心をもって耳を傾けるべきであり、最も周到な注意だけでなく、最も疑り深い注意を払って、時間をかけて慎重に検討した上でなければ、決して彼らの提案を採用してはならない。それは、その利害が公共の利害と一致しない階級の人びと、一般に公共を欺《あざむ》くこと、抑圧することを利益とする階級の人びと、そして、実際、これまで多くの場合に公共を欺き、抑圧してきた階級の人びとから出されている提案なのである。(『国富論』一編十一章)

スミスは、資本家階級を、一方では、資本蓄積を推進する中心的担い手と見なしながら、他方では、公共の利益を損ねる危険性が最も高い階級と見なす。一部の大商人や親方製造業者に利益を独占させる政策は、国内市場を非効率にするだけではない。彼らの産業を外国の同業者から守る貿易政策、つまり保護貿易政策が、隣国との関係を悪化させ、その結果、戦争が起こりやすい状況を作り出す。実際、一六八八年の名誉革命以降、イギリスは、四回にわたってフランスと戦争を行ない、莫大な額の税金をつぎ込んできたのであった。

四回にわたる対仏戦争の過程で、イギリス国民は、戦争によって毎年生じる臨時費の他に、一億四五〇〇万ポンド以上の債務を背負うことになったのだから、戦費の総額はどう計算してみても二億ポンドを下回ることはない。名誉革命以来、さまざまな場合に、この国の土地と労働の年間生産物のこれほどの大きな部分が、異常な数の不生産的な人びとを維持するために使用されてきた。もしそれらの戦争が、これほど多額の資本を、不生産的な方向に向かわせなかったならば、その大部分は、自然に、生産的な人びとの維持に使用されただろうし、彼らの労働は、自分たちの消費の全価値を利潤とともに回収したであろう。［中略］その場合、今日までに国の真の富と収入がどれほど速く増大しえたかは、想像することさえ容易ではないであろう。（『国富論』二編三章）

実際、十八世紀のイギリスにおいて、政府支出の約九割が軍事費と国債費であった。[4] 国債発行の目的は戦費調達であったのだから、政府支出のほとんどが軍事関連の支出であったといえる。フランスとの戦争がなければ、イギリスの資本はもっと速く蓄積されたであろう。そして、より多くの労働者が軍人としてではなく、生産的労働者として雇用され、その結果、イギリス経済は、もっと速く成長したであろう。スミスは、防衛の重要性を認めてはいたが、名誉革命以後、イギリスが支払ってきた軍事費は明らかに過剰であり、イギリスの経済成長を不必要に遅らせることになったと考える。しかし、このような政府の浪費にもかかわらず、民間部門の倹約によって、イギリス経済は成長を続けることができた。

政府の浪費は、富と改良に向けてのイングランドの自然の進歩を遅らせたにはちがいないが、それを停止することはできなかった。［中略］政府が重税を取り立てる中で、諸個人の倹約や品行方正によって、つまり自分自身の状態をよりよくしようとする諸個人の全般的で継続的な努力によって、資本は、黙々と、そして徐々に蓄積されてきたのである。［中略］したがって、国王や大臣たちが奢侈禁止法や外国産奢侈品の輸入禁止によって、個人の家計を監視し、その支出を抑制するような素振りをするのは、非礼僭越《せんえつ》のきわみである。国王や大臣こそつねに、また、何の例外もなしに、社会の最大の浪費家なのだ。彼らは自分たち自身の支出をよく監視するがいい。そして、個人の支出は安心して個人にまかせておけばいい。もし国王や大臣の浪費が国を滅ぼすことがないならば、国民の浪費が国を滅ぼすことは決してないであろう。（『国富論』二編三章）

一国の資本蓄積を遅らせる原因として注意されるべきなのは、個人の浪費ではなく、政府の浪費である。政府の浪費は、国王や大臣、政治家など、支配階級の無知と無能のために、そして彼らに働きかける一部の資本家の貪欲と野心のために生じる。政府の浪費を防ぐことができるならば、一国の資本は潜在能力いっぱいの速度で蓄積されるであろう。速い資本蓄積は、必需品と便益品の生産増大を促進するだけでなく、労働者階級の雇用増大を促進し、失業を減らし、賃金の自然率を引き上げる。その結果、労働者階級の暮らし向きは全般的に改善される。スミスは、「あらゆる浪費家は公共の敵であり、あらゆる節約家は公共の恩人である」（『国富論』二編三章）と論じた。私たちは、「浪費家」、および「節約家」という言葉の前に、「政府の」という言葉をつけ加えてよいであろう。

4　投資の自然な順序

投資の自然な順序の根拠

『国富論』の第三編第一章「富裕の自然的進歩について」において、スミスは、「ものごとの自然ななりゆき」（natural course of things）にしたがえば、資本は、まず農業に、次に製造業に、そして最後に外国貿易に投資されると論じる。スミスが、このように考える根拠は三つある。

第一の根拠は、人間の生活にとっての必要性である。農業は、人間の生活にとって不可欠な食料を生産する。製造業も生活必需品を生産するが、必要性は食料に劣る。外国貿易は、主として奢侈品を取引するので必要性はさらに劣る。したがって、人間の生活にとっての必要性という視点から見れば、資本が農業、製造業、外国貿易という順序で投資されるのは当然だといえる。

第二の根拠は、投資の安全性である。スミスは、投資の安全性は、農業、製造業、外国貿易の順で高いと考える。農業に投資される資本（農業労働者を維持する資本、原材料、農具、灌漑《かんがい》設備など）は、いつでも投資家の目の届く範囲にあり、投資家自身によって管理することができる。一方、外国貿易に投資される資本（船乗りを雇う資本、外国の物品を買い付けるための金や銀、船舶など）は、投資家の目の届く範囲になく、投資家自身によって管理することが困難である。製造業に投資される資本（工場労働者を維持する資本、原材料、機械、設備など）は、外国貿易に投資される資本と比べれば投資家の目に届きやすいが、農業に投資される資本ほどではない。また、人口が増大しつつある社会では、生活必需品に対する需要は奢侈品や便益品に対する需要よりも確実性が高いといえる。この点から見ても、主として生活必需品を供給する農業の安全性が最も高く、生活必需品と奢侈品・便益品の両方を供給する製造業がそれに続き、主として奢侈品を扱う外国貿易が最も安全性が低いといえる。

スミスの議論の第三の根拠は、土地に対する人間の本性的な愛着である。スミスは農業活動の基礎となる田園生活に関して次のように述べる。

農村の美しさ、田園生活の楽しさ、それが約束する心の平静、そして不当な法律によってじゃまされないかぎり与えられる独立心、これらは多かれ少なかれ万人を引きつける魅力をもっている。そして、土地を耕作することこそ人間の本来の運命であったのだから、人類の歴史のあらゆる段階において、人間は、この原初の仕事への愛着をもち続けているように思われる。（『国富論』三編一章）

この見方は、農業労働の過酷さを見過ごしているという批判にさらされるかもしれない。しかし、スミスは、土地に働きかけることが人間労働の基本であり、また自然と接することによって得られる知恵と徳が、個人の独立心を養い、心の平静をもたらしてくれると考える。一方、製造業、外国貿易へと進むにつれて、人間労働は土地との結びつきを弱めていく。したがって、土地への本性的愛着にしたがって、資本は農業、製造業、外国貿易の順に投資される傾向をもつ。

自然な経済発展のイメージ

以上のように、スミスは、人間生活の必要性、投資の安全性、および土地への本性的愛着

図6－3　経済発展の自然な順序

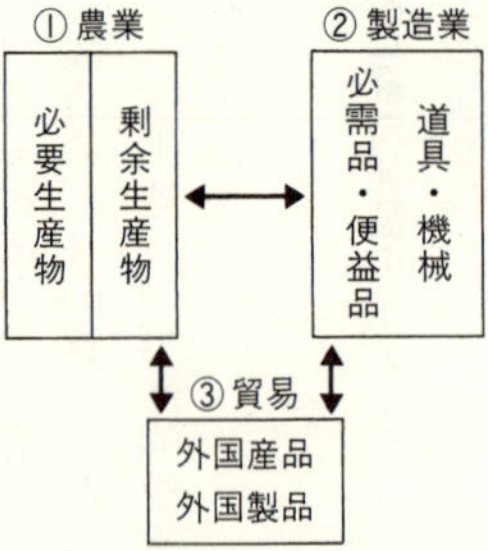

という三つの根拠にもとづいて、資本は、まず農業に、次に製造業に、そして最後に外国貿易に投資されるのが自然であると考えた。スミスがイメージしていたと思われる自然な経済発展は、図6－3によって表すことができる。

経済発展は、まず農業部門の拡大から始まる。発展の初期の段階においては、農業部門は、農業部門の人口を支えるだけの食料、つまり必要生産物を生産するだけである。しかし、農業部門において土地改良または耕作の拡大が行なわれれば、必要生産物を上回る生産物、つまり剰余生産物が得られる。剰余生産物が蓄積され、より多くの生産的労働が土地の開墾に用いられるようになれば、食料の生産量はさらに増大し、剰余生産物も増大するであろう。剰余生産物が増大することによって、やがて製造業部門が形成される。製造業部門は、農業部門の剰余生産物を、食料または原材料として用いることによって、必需品や便益品、あるいは道具や機械を生産し、それらを農業部門に供給する。こうして、農村と都市との間に市場が形成され、国内商業が確立される。

農業部門では、製造業部門で生産される道具や機械が使われることによって、生産性が高まるであろう。製造業部門でも、市場の拡大に促されて分業が進み、生産性が向上するであろう。生産性の上昇によって農産物と製造品の生産量が加速的に増大し、人びとの暮らし向き、特に労働者の暮らし向きが改善されるであろう。その結果、人口が増大し、より多くの労働が農業部門と製造業部門に投入されるであろう。こうして国内産業が拡大を続ける。国内の農業部門と製造業部門が十分に発展し、国民の間に、食料、その他の必需品、および便益品が広く行き渡るようになった後に、農産物の一部または製造品の一部が、外国産品や外国製品と交換されるようになる。こうして、発展の最後の段階で外国貿易が確立される。

以上が、ものごとの自然ななりゆきにしたがった経済発展の順序である。重要なのは、外国貿易が発展する段階では、すでに十分大きな資本が国内の農業部門と製造業部門に投資されているということであり、国民は十分な必需品と便益品を享受しているという点である。したがって、外国貿易は、国民の生活を、より便利に、そしてより刺戟《しげき》に富んだものにするであろうが、国民の生存と生活を維持することにとって、つまり社会の存立にとって不可欠なものではない。

スミスによれば、農業、製造業、外国貿易という経済発展の順序は、実は、最も速く生産的労働者の雇用を拡大する順序であり、かつ最も速く富を増進する順序でもある。[5] 資本をもつ人びとは、そのような結果を意図して投資順序を決めるわけではない。生活の必要性、投資の安全性、および土地への本性的愛着に影響されて投資順序を決めるだけである。この投資順序の中で、資本が蓄積されることによって、社会の最下層の人びとの生活が最も効率的に改善される。しかし、資本家は、これも意図しているわけではなく、自分の中にある倹約性向と財産形成の野心にもとづいて資本を蓄積するにすぎない。

このように、資本家は、それを意図することなく、経済成長の真の目的――最低水準の富すらもたない人びと、世間から無視される人びとに仕事と所得を得させ、心の平静、すなわち幸福を得させること――を達成する。私たちは、市場の価格調整メカニズムと同様、成長の所得創出メカニズムをも「見えざる手」と呼んでよいであろう。そして、この場合の「見えざる手」とは、貧困と失意の中で苦しむ人びとに自然が差しのべる「救いの手」であるといえる。

註

1 スミスは、高い賃金は富の増大の結果だけでなく原因でもあると考えた。つまり、賃金が高くなれば、労働者の能力と意欲が増し、その結果、労働生産性が上がると考えた。スミスは述べる。「労働に対する気前のいい報酬は、一般民衆の人口を増大させるとともに、その勤労を増進させる。労働の賃金は勤勉への奨励であり、勤勉は、人間のすべての資質と同様、受ける奨励に比例して増大する。豊かな生計は労働者の体力を増すし、また生活状態を改良し安楽で豊かな晩年を迎えられるだろうという楽しい希望は、労働者を活気づけ、彼の体力を最大限に行使させる」（『国富論』一編八章）。

2　『道徳感情論』において、スミスは、中流および下層の人びとは、上流階級の人びとの地位、富、生活に憧れ、彼らを高貴な存在と見なすと論じる。そして、「富裕な人びと、および有力な人びとのすべての情念についていくという、人類のこの性向の上に、諸身分の区別と社会の秩序が築かれる」（『道徳感情論』一部三編二章）と述べる。スミスの議論の基礎には、人間は悲哀に対してよりも歓喜に対して同感したいと思うという仮定がある。

3　スミスは労働者階級も公共財産の管理人としてふさわしいとは考えなかった。スミスは述べる。「労働者の利害は社会の利害と緊密に結びついているとはいえ、労働者は社会の利害を理解することも、社会の利害と自分の利害との結びつきを理解することもできない。労働者の生活状態は、必要な情報を受け取るための時間を彼に与えないし、たとえ十分な情報を得たとしても、教育と習慣のせいで適切な判断を下すことができないのが普通である。したがって、公共の審議において、労働者の声は、特定の場合には、雇い主によって、労働者の利益のためではなく雇い主の利益のために、鼓舞され、扇動され、支持されることがある。しかし、その場合を除けば、労働者の声は、ほとんど聞いてもらえないし、尊重もされない」（『国富論』一編十一章）。

4　十八世紀のイギリスの政府支出については、たとえば、ジョン・ブリュア『財政＝軍事国家の衝撃』（大久保桂子訳、名古屋大学出版会、二〇〇三年）、四九頁を見よ。

5　スミスは、労働集約度および付加価値率は、農業、製造業、外国貿易の順に高いと考えた。スミスは次のように述べる。「ある国の資本が以上三つ［農業・製造業・貿易］の目的のすべてには十分でない場合には、資本のうちで農業に使用される部分が大きいのに比例して、それが国内で活動させる生産的労働の量も大きいだろうし、この資本の使用がその社会の土地と労働の年間生産物につけ加える価値も大きいであろう。農業の次には、製造業に使用される資本が最大の量の生産的労働を活動させ、年生産物に最大の価値をつけ加える。輸出貿易に使用される資本は、これら三つのうちで最小の効果しかもたない」(『国富論』二編五章)。

第七章　現実の歴史と重商主義の経済政策

1　ヨーロッパの歴史

前章で見たように、ものごとの自然ななりゆきにしたがえば、経済は農業、製造業、外国貿易の順序で発展し、それによって最大の成長率を達成する。しかしながら、ヨーロッパの現実の歴史において、この自然な順序は完全に転倒させられた。

本章では、ヨーロッパの転倒した歴史の経緯と、その結果として生まれた、貿易と遠隔地向け製造業を国家繁栄の要とする経済政策、すなわち重商主義の経済政策に対するスミスの見解を検討しよう。

西ローマ帝国の滅亡

スミスによれば、転倒した歴史の発端は、四七六年に西ローマ帝国が滅亡したことにある。スミスは、次のように述べる。

　ゲルマン民族とスキタイ民族がローマ帝国西部の諸州を侵略した後、何世紀もの間、激変によって引き起こされた混乱が続いた。蛮族が先住民に対して行なった略奪と暴行は、町と農村の間の商業を途絶させてしまった。町は見捨てられ、農村は耕作されずに放置され、ローマ帝国のもとでかなり繁栄していたヨーロッパの西部地域は、極度の貧困と野蛮に落ち込んだ。混乱が続くなか、蛮族の首長や主要な指導者たちは、地方の土地を獲得または強奪した。土地の大部分は耕作されていなかったが、耕作されていようといまいと、所有者なしに残された土地はまったくなかった。土地はすべて占拠され、しかも、その大半は少数の大土地所有者によって占拠されたのだった。[1]（『国富論』三編二章）

西ローマ帝国が滅んでから、蛮族による侵略と略奪が何度も繰り返され、ヨーロッパの混乱がおさまるのは十一世紀頃であった。しかしながら、秩序を取り戻したヨーロッパの状態は、かつてのローマ帝国とは似ても似つかないものであった。商業と製造業は衰退し、土地は少数の大土地所有者によって分割され占拠されるようになった。

農村の状態

領土の侵略が繰り返される中で、大土地所有者は、土地を、耕作の対象としてではなく、防衛の手段と見なした。大土地所有者は、自分の領土を防衛したり、隣人の領土を奪ったりすることで精一杯であり、土地を改良しようと考える余裕はなかった。また、大土地所有者にとって、土地の分割は、防衛力を弱めることを意味した。このため、大土地所有者は、長男のみに土地を相続させる慣習（長子相続の慣習）、そして、長男といえども、相続した土地を勝手に贈与、譲渡、売却できない慣習（限嗣《げんし》相続の慣習）を作った。こうして、広大な土地が分割されることなく、土地改良を行なう気のない所有者によって所有・管理されることになった。

大土地所有者は、王、侯、伯を称する領主となり、自分の領地において、立法、裁判、行政、戦時の指揮を行なった。借地人たちは領民として領主に従属した。やがて、借地人たちの中には、徐々に土地や農具の保有権を獲得して土地を改良する者も現れたが、多くの借地人たちは、賦役《ふえき》や貢納など、さまざまな阻害要因のために、本格的な土地改良に取り組むことはできなかった。

都市と貿易の発展

一方、混乱がおさまるとともに、交通の便のよい所で定期市が開かれるようになり、行商人や露店商人、手仕事業者が集まった。彼らは、定住するようになり、定期市は常設市場《いちば》になった。こうして、商業の場としての都市が形成された。都市に住む商人や手工業者は、最初は、通行税、橋税、積荷税、露店税などを領主に払っていたが、いくつかの都市では、これらの税が免除され、住民は、かわりに人頭税を払うようになった。住民の中の有力者は、領主の役人にかわって、徴税を請け負うようになった。やがて領主に納められるべき税の金額は固定化され、徴税請負権は永久化された。住民たちは、毎年、一定額の上納金を領主に支払うかわりに、それ以外の税を免除され、職業、商売、結婚、相続などの自由を特権として獲得した。さらに、住民たちは団結して共同体を作り、裁判権や自衛権などの自治権をも取得した。

こうして、十一世紀から十三世紀の間に、ヨーロッパ各地で自治都市が形成された。イタリアのヴェネツィア、フィレンツェ、ジェノヴァ、ピサ、北ドイツのハンザ同盟都市などが、その典型である。これらの都市の市民、すなわち商人や手工業者は、ギルド（同業組合）を形成し、組合員相互の扶助《ふじょ》を図るとともに、原料、製造方法、価格、経営方法などを規制した。都市の市民がもつ自由は、集団としての自由であり、個人の自由ではなかった。また、それは特権によって保護された自由であり、自然的な自由ではなかった。

発展する都市に対して、近隣の農村は十分な生活資料や原材料を供給することはできなかった。しかしながら、都市の多くは、海岸、または航行可能な河川の沿岸近くに位置したため、都市の住民は、生活資料や原材料を東ローマ帝国やイスラム帝国、エジプトなどの遠隔地から運び込むことができた。彼らは、外国産品を自分の産業の製造品と交換するか、そうでなければ、遠隔地間の貿易を中継ぎして得られる利益によって入手した。こうして、イタリアの諸都市を中心とする地中海貿易と、フランドルや北ドイツの諸都市を中心とする北欧貿易、そして、これら二大貿易圏をつなぐ内陸の商業が発展した。特に地中海貿易においては、胡椒《こしょう》、染料、果実、絹織物など、東方からの奢侈品が持ち込まれるようになった。

貿易が発展し、外国産品に対する需要が拡大するようになると、都市の商人の中には、運送費を節約するために、同種の製造業を自分たちの都市に設立しようとする者が現れた。ルッカ、ヴェネツィア、リヨンなどの絹織物業や、フランドル、イングランド諸都市の毛織物業が、その例である。これらの都市は、外国産の原材料を輸入し、それを加工し、近隣地域、および遠隔地に輸出した。こうして、外国貿易の発展の上に遠隔地向け製造業が形成され、都市が繁栄した。

都市の繁栄による農村の発展

都市の繁栄は、農産物に対する市場を提供することによって、農村における土地改良と耕作の拡大を促した。また、都市で成功した商人が農村の未耕地を購入し新興地主となったが、彼らは、生まれつきの郷士と違って、企業家精神をもった地主であり、土地を改良することに熱心であった。さらに、都市における商業と製造業の発展は、農村における領主の権威を弱め、借地人に自由と安全をもたらすことによって、土地改良と耕作の拡大に貢献した。[2] この最後の点に関するいきさつは以下のとおりである。

商業と製造業が発展するまでは、農村の大地主は、剰余生産物と交換できるものがないため、それを自宅での「もてなし」(hospitality) によって消費した。多くの召使い、従者、客人が大地主のもてなしを受け、彼に服従した。大地主は、剰余生産物を不生産的労働の雇用に使用していたといっていいだろう。しかし、都市において商業と製造業が発達し、外国あるいは都市で生産された奢侈品が農村にも入ってくることによって変化が生じた。大土地所有者たちは、剰余生産物を自分たちだけで消費する方法を発見した。つまり、剰余生産物を奢侈品と交換するという方法を発見したのである。彼らは、もてなしをやめ、多くの召使いや従者を解雇し、浮かせた収入で奢侈品を購入した。

解雇された人びとは、都市に移動し、商業や製造業に従事することによって、引き続き生活資料を得ることができた。彼らは剰余生産物によって養われる不生産的労働者から、奢侈品を製造する生産的労働者に変わった。彼らは、もはや一人の大土地所有者に仕える従属的存在ではなく、多くの大土地所有者を相手にする独立した商人または製造業者になった。

こうして、大土地所有者たちは、奢侈品の入手と引き替えに、召使いや従者に対する支配力、すなわち彼らの権力と権威の基礎を失った。さらに、奢侈品によって生活を飾り立てることに慣れた大土地所有者は、地代の増加と安定的な供給を望み、次のような約束を借地人と取り交わすに至った。

大土地所有者は、土地改良の現状が提供しうる水準を上回る地代を借地人に要求した。借地人たちは、これに同意する条件として、土地を改良するためにどれだけ資本を投下しても、それが利潤とともに回収されるだけの期間、土地の保有を保障されるという条件を提示した。地主は、虚栄心から、この条件を喜んで受けいれたが、それは高くつくことになった。長期借地契約の起源はここにある。（『国富論』三編四章）

長期借地契約によって、土地改良のために借地人が投下した資本、およびその利潤は借地人のものになった。借地人の多くは、地主との間に長期借地契約を結び、独立自営農民となって土地改良のための資本投資を行なった。こうして、経済発展の基礎となる土地改良が本格的に始まった。スミスによれば、農業部門における生産性の上昇という重要な変革は、農村の地主や都市の商人あるいは製造業者によって意図されたものではなく、他の多くの場合と同様、「見えざる手」の働きによるものであった。

このようにして、社会の幸福にとって最大の重要さをもつ変革が、社会に奉仕しようとする意図をまったくもたない二つの階層の人びとによってもたらされた。大土地所有者の唯一の動機は、子どもじみた虚栄心を満足させることであった。商人や手工業者も、滑稽《こっけい》さの点では、大土地所有者とくらべてはるかにましであるにしても、自分たちの利益だけを考えて、一ペニーでも手に入る所なら一ペニーでも運用しようという行商人的性格にしたがって行動したにすぎない。両者とも、一方の愚行と他方の勤労がしだいに実現しつつあった大変革を知ってはいなかったし、予見もしていなかった。(『国富論』三編四章)

大土地所有者は、従者や召使いに対する支配力を手放しただけでなく、借地人に対する支配力も手放した。このことは、領主たちの没落を招き、大領主の一人でしかなかった王の権威と権力を強め、絶対王政の基礎を築くことになった。この意味で大土地所有者たちの虚栄は、彼ら自身にとって「高くつくことになった」といえる。

農業部門での生産性の上昇と耕作の拡大、その結果として生じる剰余生産物の増大は、ものごとの自然ななりゆきにしたがって、農村の近郊に製造業を発展させた。そうした製造業は、近隣の農村の生産物を生活必需品として、あるいは原材料として用いることができたので、臨海都市や河川の沿岸近くの都市でない場所でも発達した。[3] 製造業者は、はじめは近隣の農村に製品を供給したが、仕事が改良され、洗練されるようになると、製品を、より遠方に輸出するようになった。こうして、農業の発展を基礎とした遠隔地向け製造業が発達した。

以上が、西ローマ帝国の滅亡から、十五世紀の大航海時代を迎えるまでのヨーロッパの歴史に関するスミスの見解である。ヨーロッパの経済は、外国貿易、製造業、農業という順序で発展した。農業が発展を始めた後に、製造業、外国貿易という順序で発展した部分もあるものの、全体として見れば、それは自然な順序とは正反対の順序であった。スミスは、「この順序は、ものごとの自然ななりゆきに反しているため、必然的に緩慢であるとともに、不確実でもある」（『国富論』三編四章）と考えた。

肥大した貿易部門と遠隔地向け製造業部門

転倒した発展プロセスの中で、貿易部門、および遠隔地向け製造業部門に対して、不自然に大きな割合の資本と労働が投下された。本来、自国の土地に投下され、より多くの必需品と便益品を生産するはずであった資本と労働が、貿易や遠隔地向け製造業に投下された。遠隔地貿易の有利な取引先はかぎられていたため、ヨーロッパ諸国は、それらを奪い合わなければならなくなった。自国の貿易が栄えるか否か、あるいは遠隔地向け製造品が国際市場で他国の製造品に打ち勝つことができるか否かは、商人と遠隔地向け製造業者にとっての死活問題であるだけでなく、為政者、および国民にとっても死活問題であるかのように見えた。このため、為政者、特に封建領主の没落によって権力を集中しつつあった絶対君主は、特定の商人と製造業者に特権を与え、貿易、および遠隔地向け製造業の振興を図った。絶対君主は、貿易の決済手段である金や銀を蓄積することを重視し、金銀鉱山の開発を奨励するとともに、これを目的として、植民地の発見、獲得、拡大をめざした。

こうして、ヨーロッパ諸国において、遠隔地貿易の成功こそ国の繁栄をもたらすという理念を前提とした政策がとられるようになった。それは、遠隔地貿易の利権や金銀をめぐってのゼロサム・ゲームであり、ヨーロッパ各国の繁栄をつねに不安定なものにするとともに、諸国間の関係を敵対的なものにした。このような状況の中で、十五世紀後半、ヨーロッパは大航海時代を迎えることになった。

2　植民地建設の動機と結果

植民地建設の動機

大航海時代は、東方の物産を、地中海の商業都市を経由しないでインドからヨーロッパに運び込もうという、ポルトガルとスペインの野心によって始まった。一四九二年、喜望峰《きぼうほう》経由のインド航路が探求されるなか、偶然にもコロンブスによってアメリカ大陸が発見された。コロンブスの帰国後、スペイン王室は数多くの探検船隊をアメリカ大陸に送り、先住民を殺《さつ》戮《りく》し、植民地を建設した。[4] スペイン王室の主たる動機は、無尽蔵の金鉱山を発見することであった。スペインに続いて、イギリス、フランス、オランダ、デンマークが植民地を建設した。その動機は、スペインと同様、金鉱山の発見であった。しかし、どの国も採掘に値するような金鉱山を発見することはできなかった。[5] こうして、アメリカ大陸で無尽蔵の金鉱山を発見するというヨーロッパ諸国の計画は「黄金の夢」として終わった。その後、貿易拠点の拡大という目的から、植民が続けられたが、ほとんどの場合、植民活動は、国王の特許状を得た独占会社の管理のもとで行なわれた。

スミスは、『国富論』の第四編第七章「植民地について」において、ヨーロッパ諸国によるアメリカ植民地建設の動機と結果について詳細に論じている。その中でスミスは、自分自身を公平な観察者の立場に置いて、ヨーロッパ諸国の行為が、称賛または非難に値するものであるといえるか否かを考察しているように思われる。『道徳感情論』で示されたように、ある行為が称賛または非難に値するか否かを知るためには、公平な観察者の立場に立って、まず、行為の動機の適切性を検討しなければならない。すなわち、公平な観察者であれば、そのような行為をするか否かを想像してみなければならない。そのような想像の結果、スミスは、ヨーロッパ諸国の植民地建設の動機を次のように評価する。

ヨーロッパの政策は、アメリカ植民地の最初の建設においても、また植民地の統治に関するかぎり、その後の繁栄においても、誇るべきものはほとんどない。植民地建設の最初の計画を支配し指導した原理は、愚行と不正であった。すなわち、金や銀の鉱山を探し求めた愚行と、無害な先住民の土地を奪い取った不正である。先住民たちは、最初に到着した冒険家たちに危害を加えるどころか、あらゆる親切と歓待をもって彼らを迎えたのであった。その後、植民地を建設した冒険家たちは、金銀鉱山の発見という妄想的な計画よりも、もっとまともな、もっと称賛すべき他の動機をつけ加えたが、そうした動機でさえ、

ヨーロッパの政策の名誉になるようなものはほとんどない。(『国富論』四編七章二節)

アメリカ大陸は豊かな土地に恵まれていたため、植民地は、農業・漁業・林業などを中心に急速な発展を始めた。この発展に気づいたヨーロッパ諸国は、植民地は本国に対して「乳牛」の役割を果たすべきだと考え、本国にとって都合のよいさまざまな規制を作った。たとえば、植民地は、原則として、原産物を本国以外の国に供給することはできず、製造品は本国以外の国から購入することはできなかった。また、植民地は、本国で生産される製造品と同じ種類の製造品を作ることは許されず、本国との運輸は本国の商船を使わなければならなかった。これらの規制は、ヨーロッパ本国の利益を植民地よりも優先させること、そして植民地から得られる利益を他国と分け合うことなく、本国が独占することを意図したものであった。このようなヨーロッパ諸国の行為に対してスミスは次のように述べる。

植民地が完成し、本国の関心を引くほど重要なものになったとき、植民地に対して本国が行なった最初の規制は、つねに、植民地貿易を本国が独占すること、植民地の市場を制限して、その犠牲の上に本国の市場を拡大すること、したがって植民地の繁栄を速め、促進するよりは、むしろ遅らせ、阻止することをめざすものであった。ヨーロッパ諸国の植民地政策における最も本質的な違いのひとつは、独占の仕方にある。それらの中で最良のもの、すなわちイングランドの独占の仕方にしても、反自由主義的で抑圧的な程度が、他国よりも幾分ましであったにすぎない。(『国富論』四編七章二節)

スミスは、植民地建設、および、その後の植民地政策に関して、ヨーロッパ諸国がとった行為は、動機の点から見て公平な観察者が是認するものではないと考える。スミスにとって、それは貪欲と独占の精神にもとづいた行為であった。

植民地建設の結果

ある行為が称賛または非難に値する行為であるか否かを判断するためには、行為の動機だけでなく、行為の結果も検討しなければならない。ヨーロッパ諸国の植民地建設、および、その後の植民地運営は、どのような結果をもたらしたのであろうか。スミスは、第四編第七章第三節「アメリカの発見と喜望峰経由の東インド航路から、ヨーロッパが引き出した利益について」において、この問題を取り扱う。

スミスは、アメリカ大陸の発見と植民地化は、ヨーロッパ全体にとって、大きな利益になったはずだと考える。スミスがいう利益とは、第一にヨーロッパの人びとの欲望充足が増大することであり、第二にヨーロッパの産業が拡大することである。実際、アメリカで生産される剰余生産物がヨーロッパに持ち込まれることによって、ヨーロッパの人びとは、そうでなければ消費できなかったさまざまな商品、たとえば、砂糖、タバコ、チョコレートなどを消費できるようになった。また、アメリカからの食料や原材料が増大することによって、ヨーロッパの製造業の拡大が可能となった。

アメリカがヨーロッパにとって大きな利益をもたらしうることは、前章の図6-3（二〇〇頁）を用いて説明することができる。図6-3は、ひとつの社会の自然な経済発展の順序を表すものであった。まず農業部門での剰余生産物の増大があり、それを利用して製造業部門が拡大し、両部門の生産が十分増大した後に貿易が発展する。今、この図をアメリカとヨーロッパを合わせた社会を表すと見るならば、ヨーロッパにとってアメリカの発見と植民地化は、豊富な土地と天然資源をもった農業部門が新たにつけ加えられたことに等しい。

アメリカの剰余生産物の増大によって、ヨーロッパの製造業部門は拡大し、貿易部門も拡大するであろう。アメリカに植民地をもたない国、あるいはアメリカと直接貿易をしない国も、ヨーロッパの製造業部門の拡大によって間接的に恩恵を受けるであろう。それは、一国内において、農村に家族をもたない個人も、あるいは農村と直接取引のない個人も、農村の繁栄によって恩恵を受けるのと同じことである。西ローマ帝国の滅亡以来、転倒した発展の順序によって、農業部門の拡大が相対的に遅れていたヨーロッパにとって、アメリカの発見と植民地化は、自然な発展経路に復帰する大きなチャンスであったといえる。このチャンスを生かすことができるか否かは、ひとえにアメリカにおける剰余生産物の成長の速度にかかっていた。

しかしながら、ヨーロッパは、このチャンスを十分に生かすことができなかった。アメリカに植民地をもつヨーロッパ各国は、植民地貿易を独占するための諸規制によって、自国の植民地における剰余生産物の増大を妨げた。先述したように、原則として、原産物を本国以外の国に供給することはできないこと、製造品は本国以外の国から購入することはできないこと、本国と同じ種類の製造品を作ることはできないこと、海運は本国の商船を使わなければならないことなどによって、植民地の人びとの勤労の意欲と能力が奪われたのである。

植民地貿易を独占するための諸規制によって、植民地の剰余生産物の増大が遅れることは、ヨーロッパ全体だけでなく、規制を設ける本国自体の繁栄を妨げることになる。なぜなら、規制がなければ、植民地における剰余生産物の増大によって可能になったはずの、本国における製造業部門や商業部門の拡大のチャンスを失い、さらに、ヨーロッパ全体の繁栄によって得られたはずのビジネス・チャンスをも失うからである。したがって、本国は、独占貿易のための諸規制によって絶対的利益を犠牲にしたといえる。では、そのような犠牲を払って本国が引き出そうとした利益は何であろうか。スミスによれば、それは相対的利益である。独占貿易の目的は、自国がどれだけ絶対的に豊かになるかということではなく、他国と比べてどれだけ豊かになるかということであった。

では、独占的な植民地貿易によって、本国は本当に相対的利益を得ることができるのであろうか。スミスは、それを否定する。本国において、植民地貿易部門に、さまざまな優遇措置を設けることによって、植民地貿易部門の利潤率は上昇する。その結果、国内の他の貿易部門の資本が植民地貿易部門に引き寄せられる。資本の退出の結果、他の貿易部門の利潤率も上がり、貿易サービスの価格が上昇する。このため、他の貿易部門の国際競争力は低下する。他の貿易部門には国内の資本にかわって外国の資本が参入し、利潤を稼ぐであろう。したがって、植民地貿易を独占することによって得られる正味の相対的利益は、独占貿易によって直接得られる相対的利益から、他の貿易部門の縮小によって失う相対的利益を差し引いたものだということになる。スミスは、これがプラスになるのかマイナスになるのかは不確定だと考える。

さらにイギリスの場合、植民地貿易の発展によって、ヨーロッパの近隣諸国との間で営まれる貿易から、より遠方の地域との間で営まれる貿易へと資本が移動した。また、消費財を直接取引する貿易から中継貿易へと資本が移動した。つまり、貿易部門に占める遠隔地貿易および中継貿易の割合が大きくなった。実際、序章で論じたように、イギリスは、十七世紀から十八世紀にかけて、イギリス―西アフリカ―西インド諸島および北アメリカをつなぐ奴隷三角貿易を確立した。すなわち、イギリスの商人は、まず、イギリスの港から西アフリカに銃器、酒、綿布、毛織物などを運び、それらと交換に奴隷を買った。次に奴隷を西インド諸島や北アメリカに運び、砂糖、タバコ、綿花、米、染料などと交換し、イギリスの港に持ち帰った。そして、最後に、これらの商品をヨーロッパ諸国に売りさばくことによって莫大な利益を得た。

しかしながら、スミスによれば、遠隔地貿易や中継貿易は、近隣貿易や直接貿易と比べて、国内の農業や製造業に対する刺戟が小さく、生産的労働に対する雇用創出効果も小さい。したがって、スミスは、長期的に見るならば、大きな割合の資本を遠隔地貿易や中継貿易に向かわせることは、その国の全体的な経済成長を遅らせることになり、その結果、相対的優位を失わせることになると考える。

本国にとって植民地をもつことから引き出しうる、その他の利益は、本国を防衛するために植民地が兵力と収入を提供することである。ローマ帝国の植民地は両方を提供した。ギリシャの植民地は収入を提供しなかったが、戦時には母都市の同盟者として兵力を提供した。ところが、アメリカ植民地は、本国の防衛のために兵力も収入も提供したことはなかった。

反対に、本国が植民地の防衛のために兵力と収入を提供しなければならなかった。実際、フランスとの戦争において、イギリスはアメリカ植民地を守るために兵力をつぎ込み、税金を使い、さらに多額の国債を発行した。

結局、イギリス政府は、本国の国民に、ほとんど何の利益ももたらさない植民地を維持するため、毎年、莫大な税金をつぎ込んできたといえる。このように考えたスミスは、「現在の運営方式のもとでは、グレート・ブリテンが植民地の支配から受け取るのは損失の他には何もない」（『国富論』四編七章三節）という結論を下したのであった。

アメリカ植民地を建設し支配したとき、ヨーロッパ人は多数の先住民を殺戮し、略奪し、そして抑圧した。先住民は植民地建設の経済的利益にあずかることはほとんどなかった。スミスは、この事実から目を背けることはなかった。彼は先住民の憤慨に同感しつつ、次のように述べる。

アメリカ大陸と喜望峰経由の東インド航路が発見されたとき、たまたまヨーロッパ人の武力が先住民の武力を圧倒していたため、ヨーロッパ人は、遠方の国で、あらゆる種類の不正を行なっても処罰されないでいることができた。おそらく、これからは、これらの国の住民はより強くなり、一方、ヨーロッパ人はより弱くなり、世界のあらゆる地域の住民が勇気と力において対等になるだろう。そうなれば、諸国民は、相互に畏敬《いけい》の念をもつようになるので、不正を抑制し、相互の権利を尊重し合うようになるだろう。しかし、すべての国と国の間の広範な貿易が、自然に、あるいは必然的に促進する、知識とあらゆる種類の改良の相互交流ほど、力の平等を確立するものはないように思われる。(『国富論』四編七章三節)

以上のように、スミスにとって、アメリカ植民地に関するヨーロッパ諸国の行為は、行為を受ける人びとの大多数——先住民、入植者、および本国の国民——に有害な結果をもたらす行為であった。また、その行為の動機は、探検家、為政者、特権商人、および大製造業者の貪欲と独占の精神にもとづいており、公平な観察者の目から見て適切性があるものではなかった。したがって、それは、全体として、称賛に値しない行為であることはもちろん、非難に値する行為であったといえる。

3　重商主義の経済政策

スミスにとって、非難に値するのはアメリカ植民地に関わるヨーロッパ諸国の行為だけではなかった。大航海時代以後、ヨーロッパ諸国がとってきた経済政策全般が非難に値するものであった。それは、為政者と一部の利害関係者の貪欲と野心によって動機づけられた政策であり、金や銀を富と混同する貨幣錯覚にもとづいた政策であった。スミスは、そのような経済政策の理念、あるいはそれを裏づける経済学説を重商主義体系と呼んだ。

重商主義体系にもとづく経済政策は次のようなものであった。アメリカ植民地における金鉱山の計画が夢でしかなかったことが判明すると、ヨーロッパの各国は、アメリカ植民地や東インドなどの遠隔地貿易を独占することによって、ヨーロッパにおける貿易差額を有利にし、金や銀を自国に集めようとした。各国は、重要な輸出品に対して奨励金を与え、国内で生産できる商品については、関税や条例によって外国からの輸入を制限した。国内の貿易商人や親方製造業者たちは、外国商人や外国製品との競争を有利に進めることができるこれらの政策を歓迎した。貿易差額＝金をめぐって、ヨーロッパ諸国は互いに敵対的となり、隣国の繁栄を嫉妬と警戒の目で見るようになった。そして、植民地を拡大するために、たびたび戦争をするようになった。このような重商主義の経済政策によって形成される、本国、植民地、および諸外国の関係を図示すれば、図7-1のようになる。

本国は、諸外国および植民地と貿易を行なうのであるが、貿易に対して本国の政府が条例、

図７－１　重商主義の体制

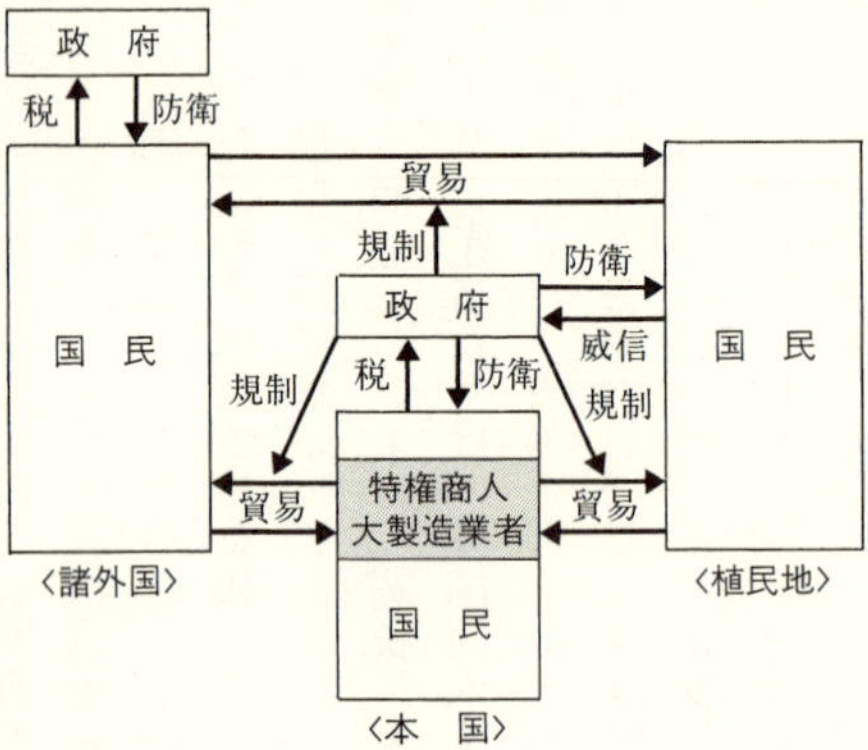

関税、奨励金などの規制を設ける。規制の結果、本国の国民は、規制がなければ買えたはずの安い外国産品を買う機会を失い、高い外国産品、あるいは高い国産品を買うことになる。植民地への規制によって安い生産物が植民地から本国の港に入ってくるかもしれないが、それらの多くが遠隔地貿易用の商品、中継貿易用の商品、あるいは主として富者や有力者が消費する商品であるので、自国の下層階級——すなわち大多数の国民——に届く機会は少ない。植民地の国民は、本国の高い製造品を買わされるだけでなく、諸外国との貿易を阻まれるため、収入を増加させる機会も失う。一方、本国の特権商人や大製造業者は、規制による奨励や保護から利益を得る。したがって、植民地経営を含む重商主義政策のもとでは、政策の主な受益者は、本国の特権商人および大製造業者であって、本国の一般国民や植民地の国民ではない。

政府は、本国の国民と植民地の国民を防衛しなければならないが、前節で述べたとおり、植民地は兵力も収入も提供しないので、植民地の防衛費用はもっぱら本国の国民の税金によって賄われることになる。植民地の国民は、いわば、無料で防衛サービスを受けるかわりに、本国政府に対して、「植民地を保有している」という威信を与える。結局、重商主義の政策によって何の利益も受けない本国の国民が、植民地を防衛するために自分の財産を提供するのである。特権商人や大製造業者の貪欲と、政府の虚栄心を満たすために、国民の財産を侵害する政策、それが重商主義政策の本質なのである。

貿易上の嫉妬

重商主義政策のいっそう大きな害悪は、諸国民間の絆になるはずの貿易を、諸国民間の紛争の原因にすることである。スミスは、次のように述べる。

諸国民は、自国の利益はすべての隣国を貧乏にしてしまうことであると教えられてきた。各国の国民は、自国と貿易するすべての国民の繁栄を怒りの目で見て、彼らの利益は自国の損失だと考えるようになった。諸個人の間の商業と同様、諸国民の間の貿易は、本来は連合と友情の絆であるはずなのに、不和と敵意の源泉となっている。［中略］この教義を考案したのも拡げたのも、もとは独占精神であったことに疑いの余地はない。（『国富論』

四編三章二節）

重商主義政策は、国家間において、ヒュームが「貿易上の嫉妬」と呼んだものを引き起こす。ヒュームは、スミスの『国富論』よりも前に書かれた「貿易差額について」というエッセイにおいて、「商業によく通じた諸国民においてさえも、貿易差額に関する激しい嫉妬と、金銀がすべて自国から流出しつつあるのではないかという危惧《きぐ》の念とが広く支配している」と指摘した。[6] また、「貿易上の嫉妬について」というエッセイでは、「商業上、何ほどか進歩を見せている国家の間で、近隣の諸国民の進歩を疑い深い眼で見、貿易相手国をすべて競争相手とみなし、いずれの国も近隣の諸国民を犠牲とせずには繁栄しないと考えることほどありふれたことはない」と論じた。[7] ヒュームは、貿易上の嫉妬は、各国が文明化していく中で避けることのできない、ものごとの自然ななりゆきであると考えていた。

一方、スミスにとって、貿易上の嫉妬は、ものごとの自然ななりゆきの結果生じるものではなかった。本書第三章で見たとおり、『道徳感情論』において、スミスは、諸個人が各自の性格と慣習の違いを乗りこえて、道徳的規則を共有することができるように、諸国民は、各国民の性格と慣習の違いを乗りこえて、道徳的規則を共有することが、潜在的には可能であることを示した。また、ひとつの社会における道徳的規則が諸個人間の社交によって形成されるように、国際社会における道徳的規則は、諸国民間の交流によって形成されるはずであった。そして、貿易は、本来、諸国民の交流を深める最もよい手段になるはずであった。

各国の経済が、ものごとの自然ななりゆきにしたがって発展するならば、つまり、農業、製造業、貿易という順序で発展するならば、国際市場には、農業部門と製造業部門が十分に発達した国の農産物や製造品が持ち込まれる。それらの国の国民は国産の必需品と便益品の供給を十分に受けているため、また、自国資本の大部分は農業と国内向け製造業に投下されているため、国際市場での出来事は、その国の存続にとって死活問題にはならない。したがって、各国の政府は国際市場への介入に強い関心をもたないであろう。輸入禁止条例も、関税も、奨励金もない中で、自由に商品が交換され、各国の国民は、豊富な国産品の消費に加えて、多様な外国産品を消費することができる。国内の農業と製造業は、外国産の原材料や製品を用いることによって、また、外国からの需要の拡大によって、いっそう発展するであろう。国内市場の拡大が、社会全体を繁栄させるように、国際市場の拡大は国際社会全体を繁栄させる。

また、ものごとの自然ななりゆきにしたがえば、市場は参加する人びとの相互の同感および相互の正義感にもとづいて成立する。したがって、国内市場の拡大が、社会における同感と正義感の範囲を広めるように、国際市場の拡大は、国際社会における同感と正義感の範囲を広める。国内市場と同様、国際市場においても競争が生じるが、同感と正義感の基礎が確立されているならば、国際市場に参加する人びとは、フェア・プレイの精神を守って競争する。商人や製造業者は、自国の政府に保護してもらったり、他国の人のじゃまをしてもらったりすることによってではなく、自己の勤勉、創意、および節約によって競争に勝とうとする。それによって、国際市場に持ち込まれる商品の質は高まり、量は増える。このように、スミスは、モンテスキューとともに、貿易が諸国民間の「連合と友好の絆」になりうることを認めた。[8]

しかしながら、本章で見たように、実際のヨーロッパの歴史は、転倒した順序、すなわち、外国貿易、製造業、農業という順序で発展した。そのため、国内の農業部門と製造業部門が十分に発展しないうちに、貿易部門に大きな割合の資本が投下されることになった。各国の政府は、国家の存続に関わる問題として貿易に関心をもち、貿易の決済手段である金や銀が国外に流出することを恐れ、それらを蓄積することに熱心に取り組んだ。隣国は、自国の農産物や製造品の剰余を交換する互恵の相手ではなく、金や銀を奪い合う競争相手となった。各国の政府は、国民の勤勉と節約を奨励するとともに、他国のじゃまをすることによって競争に勝とうとした。各国がとった方法は、貿易に、さまざまな規制を設けることによって貿易の利益を独占することであった。こうして、ヒュームが指摘したように、貿易は国家の生き残り戦略の中に組み入れられ、他国の貿易の繁栄は嫉妬の対象になった。スミスは、それを「不和と敵意の源泉」と言い直したのであった。

戦争と国債

不和と敵意が支配する状況において、ヨーロッパ諸国で広がりつつあった「祖国への愛」は、隣国に対する国民的偏見を生んだ。むしろ、隣国に対する国民的偏見が祖国への愛をエスカレートさせたといった方がよいかもしれない。国民的偏見、あるいはエスカレートした祖国への愛は、ヨーロッパにおける戦争を、ヨーロッパ全体の秩序にとってはもちろん、当事国の利益から見ても不合理なほど大規模で長期的なものにした。各国は、勝利によって得られる利益をはるかに上回る費用をかけて戦争を継続した。

戦費を調達するため、多くの国が長期国債または無期国債を発行した。税と違って、国債は、国民の反対に遭うことなく一度に多額の資金を調達することができるので、政府にとって便利な資金調達の方法であった。しかしながら、国債を発行して資金を集め、戦争に使うことは、国民の貯蓄または資本を消費してしまうことである。それは、戦争がなければ農業労働者あるいは製造業労働者として働く生産的労働者を、軍人や兵隊などの不生産的労働者に振り替えることである。したがって、国債を発行すればするほど、その国の資本蓄積と経済成長は遅れることになる。
さらに、長期または無期の国債の発行は、利払いのための長期的な、あるいは永久的な課税を必要とする。ゆえに、国債の累積は利払いのための税を増大させる。課税の対象は、地代や奢侈品など、富者の収入や消費物品から始まるが、やがて下層階級の収入や消費物品にも及ぶ。収入に対する課税は技術改良や勤労への意欲を弱め、商品に対する課税は、価格の自然な関係を歪め、資本の効率的な配分を妨げる。このようにして、国債発行は、資本蓄積を遅らせ、産業活動を阻害する。スミスは、かつて商業国として繁栄したヨーロッパの国ぐにが、国債によって次々と衰退していったことを指摘する。

長期国債によって資金調達を行なう方法をとった国は、すべて、しだいに弱体化していった。最初にそれを始めたのはイタリアの諸共和国だったようである。ジェノヴァとヴェネツィアは、それらのうちで、今なお独立国と称しうるただ二つの国であるが、ともに、国債のために弱体化してしまった。スペインは、国債による資金調達の方法をイタリアの諸共和国から学んだようであるが、税制が、イタリア諸共和国よりも思慮に欠けたものであったため、本来の国力の割には、イタリア諸共和国よりもさらに弱体化した。［中略］フランスは、その自然資源の豊かさにもかかわらず、同種の重い財政負担のもとにあえい

> でいる。オランダ共和国は、国債のために、ジェノヴァやヴェネツィアと同じくらい衰弱している。他のどの国をも弱体化させた資金調達の方法が、グレート・ブリテンにおいてだけ、まったく無害だということがありうるだろうか。（『国富論』五編三章）

スミスは、現在のイギリスもまた、イタリア、スペイン、オランダなど、国債のために衰退した国ぐにと同じ道を歩んでいると考えた。実際、序章の図0－1（一三頁）が示すように、イギリスは、フランスとの戦争のために多額の国債を発行した。そしてイギリスは、逼《ひっ》迫《ぱく》した財政を立て直すために、アメリカ植民地に課税しようとし、植民地の反乱を引き起こした。長年、莫大な資本を投入して防衛してきた植民地が、失われつつあった。植民地を力でねじ伏せようとして反乱を長引かせれば、イギリスの財政状態はさらに悪化し、さらに多くの資本が失われるであろう。今や、イギリスは、スペインやオランダの後を追って衰退するか、それとも、繁栄の道を歩むかの瀬戸際《せとぎわ》に立たされていた。後者の道を進むためには、イギリスの政府と国民は、フランスに対する国民的偏見を捨て、エスカレートした祖国への愛を冷まし、自国にとって本当の利益は何かを冷静に考える必要があった。

『国富論』は、イギリスの国益を追求することを直接の目的として書かれた書物ではない。しかしながら、スミスは、ヨーロッパの繁栄と両立するイギリスの繁栄の道を示した。それは、ものごとの自然ななりゆきにしたがった経済発展の経路に復帰するための行動をとることであった。

註

1　西ローマ帝国の滅亡を境にヨーロッパが文明から野蛮に逆戻りしたという解釈は、『国富論』と同じ年に第一巻が出版されたエドワード・ギボンの『ローマ帝国衰亡史』（一七七六－八八。中野好夫・朱牟田夏雄・中野好之訳、全十一巻、筑摩書房、一九七六－九三年）にも見られる。特に邦訳、第五巻、二八五－三六四頁を見よ。

2　スミスは、この点を指摘した最初の著作家としてヒュームの名を挙げている（『国富論』三編四章）。事実、ヒュームは、「技術における洗練について」というエッセイの中で、商業と製造業の発展が農民の独立をもたらしたと論じている。『ヒューム政治経済論集』（田中敏弘訳、御茶の水書房、一九八三年）、二七－二八頁を見よ。

3　スミスは、このようにして発展した工業都市の例として、リーズ、ハリファックス、シェフールド、バーミンガムなど、イングランド中部の都市を挙げている（『国富論』三編三章）。

4　スペインのアメリカ征服によって、中央アメリカのアステカ帝国と南アメリカのインカ帝国が滅ぼされた。

5　ただし、十六世紀半ばに南アメリカ中央部で発見されたポトシ銀山は大量の銀を産出した。スペインによって大量の銀がヨーロッパに持ち込まれたため、ヨーロッパの物価は高騰し、いわゆる「価格革命」を引き起こした。スミスは、『国富論』一編十一章の「過去四世紀間の銀の価値の変動についての余論」において、このときの現象を論じている。

6　『ヒューム政治経済論集』、六四頁。

7　『ヒューム政治経済論集』、八三頁。

8　モンテスキューは『法の精神』（一七四八）の中で次のように述べる。

「商業は破壊的な偏見を癒す。そして習俗が穏やかなところではどこでも商業が存在しているというのがほとんど一般的な原則である。また商業が存在するところではどこでも、穏やかな習俗が存在するというのもそうである。［中略］商業の自然の効果は平和へと向かわせることである。一緒に商売をする二国民は互いに相依り相助けるようになる。一方が買うことに利益をもてば、他方は売ることに利益をもつ」（モンテスキュー『法の精神』、野田良之他訳、岩波文庫、一九八九年、中巻、二〇一－二〇二頁）。

第八章　今なすべきこと

1　自然的自由の体系への復帰

めざすべき目標としての自然的自由の体系

スミスは、イギリスだけでなく、ヨーロッパ各国が、ものごとの自然ななりゆきにしたがった発展の経路に復帰しなければならないと考えた。ヨーロッパ諸国においては、さまざまな優遇政策によって特定の貿易と輸出向け製造業に資本が集中し、その他の部門が、本来の水準から見て立ちおくれていた。自然な発展経路に復帰するということは、資本を、優遇された特定の貿易や輸出向け製造業から、その他の部門、特に農業に移動させることであった。

しかしながら、スミスは、ヨーロッパ各国の政府が、農業に資本を向かわせるために製造業と貿易を意図的に抑制する政策をとるべきだとは考えなかった。そのような政策は、一国の製造業や外国貿易を崩壊させ、農産物に対する需要を減退させることによって、長期的には、農業の発展を促進するのではなく、阻害するであろう。スミスは、ケネーやテュルゴーなど、フランスの重農主義者が推奨した政策をこのようなものとしてとらえ、それに反対した。スミスが考えるのは、優先や抑制の対象を変えることによってではなく、優先や抑制自体を廃止することによって、本来の発展経路に自然に復帰することであった。スミスは、このようにして実現される経済システムを「自然的自由の体系」(system of natural liberty) と呼んだ。

優先と抑制の体系がすべて除去されれば、単純かつ明快な自然的自由の体系が自然に確立される。そこでは、正義の諸法を犯さないかぎり、すべての人が自分のやり方で利益を追求することができ、自分の労働と資本を使って、どの人、またはどの階層の人とも自由に競争することができる。主権者は、遂行しようとすれば必ず無数の迷妄《めいもう》に惑わされ、また、人間のどんな知恵や知識をもってしても適切に遂行できない義務から、すなわち個人の勤労を監督し、それを社会の利益に最も適った用途に向かわせるという義務から完全に解放される。(『国富論』四編九章)

どの産業を優遇し、どの産業を抑制することが社会全体にとって最も利益が大きいのか、また、そのためには、どのような具体的な方策をとればよいのか。人間は、これらのことを正しく判断するための完全な知識をもつことはできない。政府が、優遇政策や抑制政策を遂行しようとすれば、必ず無数の迷妄——多くは特定の利害関係者によって吹き込まれる迷妄——に惑わされるであろう。

自然的自由の体系が確立された社会では、労働と資本の使い方は、所有者個人にゆだねられる。個人は、自分の労働や資本をどこに向けるべきかについて、政府よりも多くの注意を払い、労働と資本を自分にとって最も有利な方法で用いるであろう。個人が正義の諸法を守って行動するかぎり、このような個人の行動は、「見えざる手」に導かれて社会に最大の利益をもたらすであろう。こうして、政府による優遇・抑制政策がなくても、というよりも、むしろ政府による優遇・抑制政策がなければ、労働と資本は、社会にとって最も有利になるように、諸産業に配分されるであろう。優遇・抑制政策の廃止によって、これまで優遇されてきた貿易部門や輸出向け製造業部門の利潤率は低下し、他の部門の有利さが相対的に高まる。その結果、資本と労働は、自然に前者から後者へと移動するであろう。

政府が特定の産業を優遇することは、経済的に非効率であるだけではなく、社会秩序の点から見ても望ましくない。優遇された産業には、多くの労働と資本が引き寄せられるので、その産業の成否は多くの利害関係者の生活に影響する。このような中で、もしも政府が植民地政策や外交政策などで失敗し、優遇された産業が大きな損害を被ることになれば、利害関係者たちが政府に対して不満をもち、その結果、「政府を驚愕《きょうがく》させ、立法府の審議さえ紛糾させるような暴動や無秩序を引き起こす」(『国富論』四編七章三節)かもしれない。したがって、規制の緩和・撤廃によって、優遇された産業から他の産業に労働と資本を分散させることは、社会秩序を完全なものにするためにも必要であるといえる。

規制緩和の速度

スミスは、このような視点に立って、イギリスが植民地貿易に課している諸規制を緩和・撤廃することを提案する。

グレート・ブリテンに植民地貿易の独占権を与えている法律を、少しずつかつ徐々に緩和し、やがてほとんど自由にしてしまうことは、暴動や無秩序の危険からグレート・ブリテンを永久に解放する唯一の方策である。それは、資本の一部を過度に成長した事業から引き上げ、保護された産業よりも利潤の低い他の産業にふり向けることを可能にし、そうせざるをえなくする唯一の方策である。そして、それは、保護された産業部門を徐々に縮小させ、他の産業部門を徐々に拡張させることによって、すべての産業部門を、完全な自由が必然的に確立し、また完全な自由だけが維持しうる自然で健全で適正な均衡に向かって、しだいに復帰させることができる唯一の方策だと思われる。(『国富論』四編七章三節／傍点は引用者による)

私たちは、スミスが「徐々に」(gradually)、あるいは「しだいに」(by degrees)という言葉を用いていることに注意しなければならない。スミスにとって、自然的自由の体系を確立することは、社会の秩序と繁栄にとって望ましいことであり、あらゆる社会の為政者がめざすべき理想であった。しかしながら、現実が自然的自由の体系とは異なる状態にあるからといって、急激な改革を行なえば、植民地政策や外交政策における失敗と同様、多くの利害関係者に大きな損失をもたらし、彼らの不満を招くことになるであろう。

たとえば、政府によって優遇された産業で働く人がいたとしよう。この人は、創意と工夫を用いて勤勉に働いてきたとしよう。今、この産業に対する政府の優遇政策が非効率で不公平なものとして世間から非難され、政府が世間の非難に屈して、それを廃止したとしよう。そして、その結果、この人は、それまでの収入よりも低い収入しか得られなくなったとしよう。この人は、自分の境遇の変化を、どのように受けとめるであろうか。おそらく、この人は、自分は勤勉と創意工夫によって収入を得てきたにもかかわらず、そして優遇されるべき重要な産業で働くことによって社会に貢献してきたにもかかわらず、世間は、収入を不当に得てきた人間として自分を非難し、自分から収入を取り上げたと思うであろう。この人は、非難に値しないと思われる行為に対する世間の非難、処罰に値しないと思われる行為に対する世間の処罰に我慢できないであろう。そして、このような苦境に自分を追い込んだ本当の原因は、優遇政策を導入し、維持し、廃止した政府にあると考えるであろう。この人は、世間に対して怨《うら》みを抱くとともに、政府こそが非難され、処罰されなければならないと考えるようになるであろう。このように考える人たちの数が増えて、団結し、政治力をもつようになれば、政府は、それ以上の改革を進めることはできなくなるであろう。政府に対する彼らの非難がさらに高まれば、彼らは、改革とは直接関係のない些《さ》細《さい》なことで政府を糾弾し、場合によっては暴動を起こすかもしれない。

このように、人びとの感情を無視した急激な改革は挫《ざ》折《せつ》し、社会秩序を不安定にする危険性をもつ。したがって、自然的自由の体系に向けた規制の緩和・撤廃は、人びとの感情に配慮しながら「徐々に」進めなければならない。スミスは、次のように述べる。

植民地貿易を、今すぐ、すべての国に全面開放することになれば、一時的な混乱を引き起こすだけでなく、現在それに労働や資本を投じている人びとの大部分に、大きな永続的損害を与えることになりかねない。グレート・ブリテンの消費量を上回る八万二千樽のタバコを輸入する船舶が、植民地貿易の開放によって突然仕事を失うだけでも、きわめて深刻な事態として感じられるであろう。重商主義のすべての規制の不幸な結果とはそういうものなのだ！〔中略〕どのようにして植民地貿易を段階的に自由化していくべきなのか、まず最初に撤廃されるべき規制は何で、最後まで残しておくべき規制は何であるのか、完全な自由と正義の自然的体系はどのようにしてしだいに回復されるべきものなのか。われわれは、これらの問題の解決を将来の政治家と立法者の英知にゆだねなければならない。

（『国富論』四編七章三節）

「体系の人」の政策

しかしながら、統治者は、しばしば拙速《せっそく》に事を運ぼうとする。そして、この傾向は、統治者が、自分の掲げる理想の美しさに陶酔《とうすい》すればするほど強くなる。スミスは、一七八九年頃に書いた『道徳感情論』第六版の追加部分において、「体系の人」（man of system）について論じた。体系の人とは、現実の人びととの感情を考慮することなく、自分が信じる理想の体系に向かって急激な社会改革を進めようとする統治者のことである。スミスは述べる。

体系の人は、〔中略〕自分が非常に賢明であると思いやすく、しばしば、自分の理想的な統治計画の想像上の美しさに魅惑されるため、計画のどの部分からの小さな逸脱も我慢できない。彼は、その計画と対立するであろう大きな利害関係、あるいは強い偏見に対して何の注意も払わず、自分の計画を完全に、あらゆる細部において実現しようとする。彼は、チェス盤の上のさまざまな駒《こま》を手で動かすのと同じくらい簡単に、社会のさまざまな構成員を動かすことができると想像する。彼は、チェス盤の上の駒が、手が駒に伝えるものの他には何の運動原理ももたないのに対し、人間社会という大きなチェス盤の中では、それぞれの駒が、立法府が押しつけたいと思うものとは違った駒自身の行動原理をもつということを、まったく考慮しないのである。もし、それら二つの原理が一致し、同じ方向に働くならば、人間社会のゲームは調和的に進行し、社会は幸福で成功したものになるであろう。しかし、もし、二つの原理が対立し相違するならば、ゲームは悲惨な仕方で進行するであろうし、社会はつねに最高度の無秩序の中にあるにちがいない。（『道徳感情論』六部二編二章）

めざす理想が、いくら崇高なものであっても、そこに至るまでの道が、あまりにも大きな苦難をともなうものであれば、人びとは、統治者の計画についていくことができないであろう。体系の人は、このことをわかろうとしない。体系の人は、理想を正しく理解さえすれば、すべての人は、理想の達成に対して、自分と同じ情熱と忍耐をもつはずであると信じて疑わない。しかし、人間はチェス盤の上の駒とは違う。指し手の理想や行動原理とは異なった、独自の理想や行動原理をもつ。人びとは、統治者と同じ理想をもつとはかぎらないし、もったとしても、そのために自分が犠牲になることを受けいれるとはかぎらない。どのような社会改革の計画も、人びとがついていくことができなければ、失敗に終わるだけでなく、社会を現状よりも悪くするであろう。

実際、この文章が書かれたときに起こったフランス革命は、自由、平等、博愛の理想を掲げた「体系の人」による急進的な社会改革であった。人びとは、フランス革命に最初は熱狂したが、やがて、ついていくことができなくなり、最後は、スミスが述べたとおり、「最高度の無秩序」によって、それを終わらせることになった。

賢明な統治者の政策

賢明な統治者は、そのような無謀な改革を断行しようとはしない。彼は、個人によって異なった理想や行動原理があることを理解した上で、人びとが感じる痛みや不満を最小限にしながら改革を進めようとする。『道徳感情論』第六版の同じ箇所で、スミスは賢明な統治者のふるまいについて次のように述べる。

人間愛と慈恵とによって公共精神が支えられている人は、既存の権力と特権を、それらが国家を構成する大きな階層や団体のものであればもちろん、個人のものであっても尊重するであろう。既存の権力と特権のいくつかが幾分乱用されていることがわかったとしても、彼は、消滅させるためには、しばしば大きな暴力を用いなければならないものを無理に消滅させようとはせず、その程度を和らげることで満足するであろう。人びとの中に根づいている偏見を、理性と説得によって征服しえないとき、彼は、それらを力ずくで屈服させようとはしないで、正しくもキケロによって「プラトンの神聖な原則」と呼ばれたもの——自分の両親に対してと同様、自分の国に対して決して暴力を用いないこと——を宗教的に遵守するであろう。（『道徳感情論』六部二編二章）

スミス自身は、理想として「自然的自由の体系」を掲げた。その体系においては、個人が、同感と正義感をもって行動し、その制約の中で利己心にもとづいた経済活動を行なうこと、そして、政府は、防衛、司法、若干の公共事業を行なうだけで、個人の経済活動には介入しないことが指示される。一方、現実のヨーロッパ諸国においては、多くの人びとは独占精神によって支配され、政府は貿易差額を作るために経済に介入した。自然的自由の体系に復帰するためには、このような精神と政策は改められなければならない。しかしながら、改革は、それによって損害を被る人びとの感情に配慮して進められなければならない。どのような個人によっても、決して政府が暴力を用いたと思われてはならない。自然的自由の体系への完全な復帰は「今なすべきこと」ではなく、ゆっくりと、時間をかけて、慎重に行なうべきことであった。スミスは、穏健で現実的な改革論者であった。

2 アメリカ植民地問題

独立戦争勃発の経緯

しかしながら、イギリスには差し迫った問題があった。一七七五年、アメリカ植民地が独立戦争を起こしたのである。[1]

独立戦争勃発《ぼっぱつ》の十年前、イギリス議会は、七年戦争によって、逼迫した財政を再建することを目的として、それまで帝国の防衛費を負担してこなかったアメリカ植民地に課税するため、印紙法を成立させた。印紙法は、公文書、証書、契約書、新聞、パンフレット、トランプなどに政府発行の印紙を貼ることを義務づけた法律であった。印紙税は、それまでの貿易統制のための関税とは異なり、本国が植民地の人びとの生活に直接介入し徴税することに、はじめて踏み切った税であった。それまでも、砂糖法（一七六四年制定。外国産の砂糖の輸入に関税を課す法律）によってラム酒生産に打撃を受けたり、通貨法（一七六四年制定。植民地による紙幣発行を禁止する法律）によって通貨不足を被ったりして、本国に不満を募らせていた植民地は、ついに一七六五年、印紙法に対して抵抗運動を起こした。

同年、アメリカの十三の植民地のうち、九つの植民地の代表者がニューヨークに集まって印紙法会議を開いた。会議では、アメリカ植民地はイギリス議会に代表を送っていないのであるからイギリス議会によって課税されることはないこと、植民地は植民地議会によってのみ課税されることなどが確認され、印紙法廃止の要求が採択された。こうした動きに合わせ、アメリカではイギリス製品に対する不買運動が起こった。また、イギリスから送られた印紙は焼かれ、印紙がないことを理由に本国の取引相手への支払いもしばしば停止された。このような事態の中で、本国の商人や製造業者が印紙法に反対した。また、議員の中にも、ウィリアム・ピット（大ピット、一七〇八－七八）やエドマンド・バーク（一七二九－九七）など、印紙法に反対する者も現れた。こうして、一七六六年、アメリカ植民地の要求が聞き入れられ、印紙法は撤廃された。しかし、政府は、印紙法撤廃と抱き合わせる形で、宣言法を成立させ、アメリカ植民地に対してイギリス議会が課税権をもつことを宣言した。

この宣言法にもとづき、一七六七年、財務長官のチャールズ・タウンゼンド（一七二五―六七）は、アメリカ植民地に対して、鉛、ガラス、紙、塗料、茶の輸入に対する関税を設ける法律を提案した。[2] また、タウンゼンドは、税関管理局を新設することも提案した。税関管理局設立の目的は、植民地の商人による他国からの茶の密輸を取り締まることであり、それによって、東インド会社が扱う茶に植民地における販路を確保することであった。印紙法のときと同様、植民地の人びとは、これらの法律に反撥《はんぱつ》し、茶を含めたイギリス製品に対する不買運動を展開した。また、植民地の群衆は、本国から派遣される税関委員に対しても反撥の声を浴びせた。植民地の群衆が暴徒化するのを恐れた政府は、一七七〇年、茶を除いた品目の関税を撤廃した。しかし、植民地の緊迫した状態を打開することはできなかった。ボストンでは、イギリス軍の兵士が詰め寄る群衆に向かって発砲し、五人の死者を出す事件が起こった。

一七七三年、植民地の不買運動によって増えた東インド会社の茶の在庫を減らすため、政府は、イギリスの港で課される関税を払い戻し、在庫の茶を、より安い価格でアメリカ植民地に輸出することを許可した。しかし、植民地の商人は東インド会社の安い茶が入ってくることに脅威を感じた。他の人びともアメリカの港で課される茶税が残されたままであることに不満をもった。今や、植民地の人びとは、イギリス政府のすることは、何もかも気に入らなかった。急進分子がボストン港に停泊中の東インド会社の船を襲撃《しゅうげき》し、積荷の茶を海に投げ捨てた（ボストン茶会事件）。政府は武力でこれを制圧し、一七七四年、強制諸法を発令して、ボストン港を閉鎖し、マサチューセッツ州の自治権を剝奪した。これに対し、アメリカ植民地は、同年九月、フィラデルフィアで第一回大陸会議を開き、植民地間の団結を確認するとともに、イギリス国王に対して、茶法と強制諸法の撤廃を求め、本国人と同じ権利と自由を求める請願を採択した。この時点では、植民地はイギリスから独立することを考えてはいなかった。

イギリス議会でも、アメリカとの和解を訴えるいくつかの演説がなされた。たとえば、ピットやバークは、印紙法のときと同様、このときも、アメリカ植民地との積極的和解を強く主張した。しかしながら、どの和解案も決め手にはならず、その間、政府は、反乱鎮圧のための軍隊をアメリカに派遣した。一七七五年四月、ボストン郊外においてイギリス軍と植民地の民兵軍が武力衝突を起こし、ついに独立戦争が始まった。

戦争が進むなか、イギリス議会では、（1）植民地を武力で制圧すべきか、それとも植民地と和平を結ぶべきか、（2）和平を結ぶ場合、植民地に対する課税権を保持すべきか、それとも放棄すべきか、(3)課税権を保持する場合、植民地の議会への代表権を認めるべきか否か、(4)あるいは、いっそのこと、アメリカ植民地を自発的に分離するか否か、などの論点をめぐって、さまざまな意見が戦わされた。しかしながら、軍事力ではイギリス本国がアメリカ植民地を圧倒しているため、武力制圧が議会内の多数意見であった。

このような状況のなか、スミスは『国富論』の最後の仕上げに取り組んでいた。[3] スミスは、アメリカ植民地問題の行方をできるだけ正確に見きわめた上で、この問題に対する自分の意見を『国富論』に反映させたいと考えた。一方、病気のために衰弱していた友人のヒュームは、『国富論』の出版を見ることなく死ぬことを恐れ、スミスにアメリカ植民地問題に見切りをつけて『国富論』を出版するよう嘆願した。『国富論』は、一七七六年の三月に出版され、ヒュームは、その五カ月後にこの世を去った。こうして、死ぬ前に『国富論』を読みたいというヒュームの願いはかなえられた。死にゆく友の願いを知りながら、スミスが、ぎりぎりまで『国富論』の出版を引き延ばした背景には、アメリカ植民地問題に対するスミスの特別な思い入れがあった。スミスにとって、アメリカ植民地問題に対して適切な判断を与えることは、植民地、本国、およびヨーロッパ全体における秩序と繁栄を左右する、きわめて重要な問題であり、また、それは、将来の政治家にゆだねることができない、「今なすべきこと」であった。

統合案

『国富論』において、スミスは、アメリカ植民地問題に対する二つの対応策を示した。第一の案は、本国の植民地への課税権は保持するが、そのかわりに植民地の本国議会への代表権を認めるという条件で、植民地と和平を結ぶというものであった。それは、アメリカ植民地を、かつてのローマ帝国の属州のように、あるいは一七〇七年のスコットランドと同じように、イギリス帝国の中に正式に統合することを意味した。

スミスは、本国と諸外国の貿易はもちろん、本国と植民地の貿易、および植民地と諸外国の貿易において、諸規制が撤廃され、取引の自由が保障されるのであれば、イギリス政府が主権者としてアメリカ植民地を維持することは、何の問題もないと考えた。植民地貿易を自由化することによって、イギリスの資本は、植民地貿易部門から他の貿易部門、あるいは他の産業部門に移動するであろう。しかし、それらの部門は、もともと、優遇政策がなければ植民地貿易よりも高い利潤を生むはずの部門、つまり、より大きな潜在的需要をもつ部門である。さらに、植民地貿易の特徴である遠隔地貿易や中継貿易から、近隣貿易、あるいは国内の製造業や農業に資本が移動することは、同額の資本によって雇用される生産的労働者の数を増加させるため、イギリスの経済成長を高めることになる。

一方、諸外国にとっても、アメリカ植民地との貿易が開放されることによって、新たなビジネス・チャンスが生まれ、産業を活性化することができるであろう。さらに、植民地にとっても、本国との貿易に縛《しば》られることなく、あらゆる国と自由に貿易できることは、生産効率の改善を可能にするのみならず、植民地の生産者の勤労意欲を高めるであろう。諸外国と植民地の経済発展は、イギリス本国の経済発展をいっそう促進するであろう。イギリス国民は、以前よりも豊富で安い外国産品、あるいは植民地産品を消費することができるからである。また、消費財価格の低下が人件費の節約につながり、イギリス製品の国際競争力を高めるからである。このように、植民地貿易の自由化は、本国、植民地、および諸外国の経済を成長させ、生産的労働者の雇用を増大させることによって、成長の真の目的——最低水準の富を手に入れられない人びとに仕事と所得を得させること——を達成するであろう。

アメリカ植民地が、このようなものとして諸外国に開放されるならば、諸外国は、莫大な費用をかけて、それをイギリスから奪い取ろうとはしないであろう。諸外国にとっては、イギリスの経費負担のもとで、自由市場の利益を享受できるからである。その結果、植民地獲得を目的としたヨーロッパ諸国間の戦争は少なくなるであろう。イギリスは、植民地を防衛する費用を植民地に負担させるかもしれないが、戦争が減少することによって防衛費を削減できるため、また、貿易の自由化によって植民地の経済が成長するため、植民地の税負担は軽くてすむであろう。こうして、植民地貿易は、諸国民間の「不和と敵意の源泉」であることをやめ、「連合と友情の絆」という貿易本来の機能を回復するであろう。

以上が、自然的自由の体系にもとづいた、スミスの植民地統合案である。スミスの案を図示すれば、図8－1のようになる。図8－1を前章の図7－1（二二六頁）と比べてみよう。

図8－1　統合案

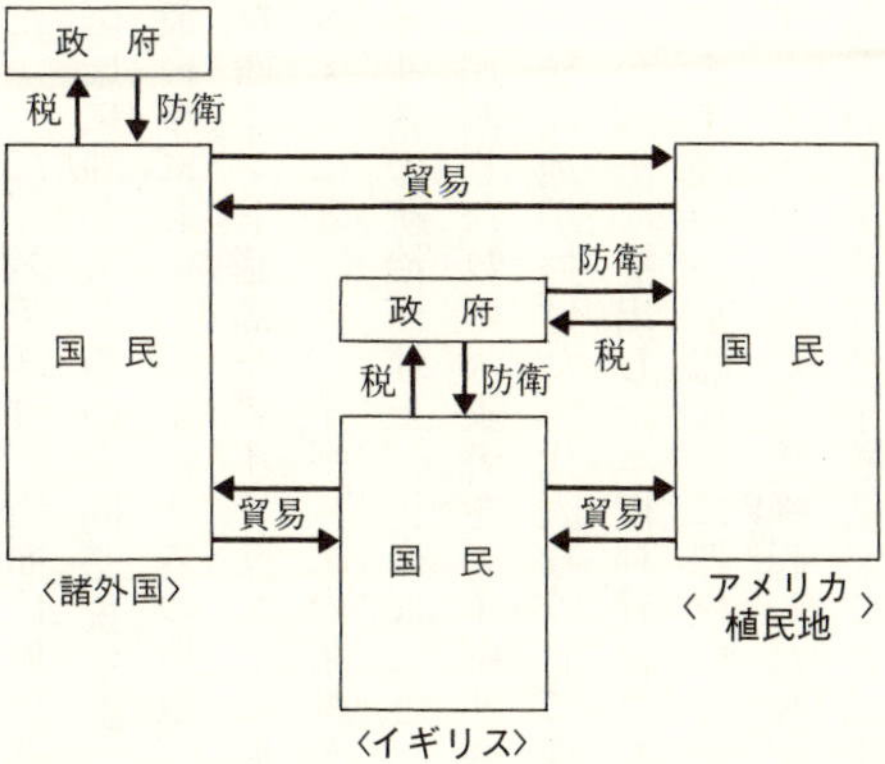

今や、貿易は一部の特権商人や大製造業者に独占されるのではなく、すべての諸国民の間で自由に、すなわち政府による規制なしに行なわれる。また、植民地は、防衛サービスを提供する本国政府に対して、単に威信を与えるのではなく、税という形で防衛費の一部を負担することが求められる。スミスは、このような方向をめざすのであれば、イギリスがアメリカ植民地を維持し、統合してもよいと考えた。[4]

また、前節で示したように、スミスは、植民地貿易の自由化は一気に行なわれるべきではなく、これまで植民地貿易に関わってきた人びととの利益と感情を考慮しながら、徐々に行なわれるべきだと考えた。

したがって、スミスは、当面は植民地貿易に関わる諸規制を残しながら、植民地に対して本国国民に課しているのと同じ税を課すことを考えたといえる。実際、スミスは、『国富論』の最終章において、イギリスの地租、印紙税、関税、および消費税を、アメリカ植民地、および西インド諸島やアイルランドに拡大する具体的な構想を展開してみせた。

スミスにとって、イギリスの諸税を植民地に拡大することは制度的に可能であり、また、イギリスの統治原理上、正当なことであった。ただし、課税の正当性は、各植民地が、納税額に比例した数の代表者を、イギリス議会——または帝国議会——に送ることが条件であった。植民地が掲げた「代表なくして課税なし」というスローガンは、名誉革命時にイギリス議会が国王に提出した「権利宣言」の中の主張のひとつ、すなわち、国王は納税者の代表機関である議会の承認なしに課税できないという主張に一致するものであった。

アメリカ植民地が武装蜂起《ほうき》した今、植民地の代表権を認めないまま、本国の課税権を行使するという条件で和平を結ぶことは不可能であった。植民地に課税権を承認させるのであれば、植民地の代表権を認めなければならなかった。スミスは、植民地の指導者たちのための議席を本国議会に設けないかぎり、彼らは和平に応じないであろうと考えた。スミスは述べる。

アメリカの指導者たちの社会的な地位を維持し、彼らの野心を満足させる方法としては、本国議会に議席を用意すること以上に明快なものはないと思われるが、いずれにせよ、何らかの方法を取らないかぎり、彼らが自発的に服従することはありそうにない。われわれは、彼らを武力で服従させようとする場合に流される血の一滴一滴が、われわれの同胞の血か、あるいは同胞にしたいと思う人びとの血であるということを忘れるべきではない。事態がここまで進んでしまっているのに、植民地を武力だけで簡単に征服することができると自惚れている人は、非常に愚鈍な人である。

現在、大陸議会と呼んでいるものの決議を取り仕切っている人びとは、ヨーロッパの偉大な大臣たちでさえ感じることができないほどの社会的重要性を自分の中に感じているであろう。彼らは、商店主、小商人、弁護士から政治家や立法者となり、今や、広大な帝国のための新しい政治形態を作り出すことに携わっている。そして、彼らは、この帝国が、かつて世界に存在したことのない偉大で恐るべき帝国になるだろうと自負し、事実そうなる見込みもきわめて大きいのである。(『国富論』四編七章三節)

スミスは、独立戦争を起こした人びとは、本国に対する反抗心だけでなく、自分の社会的地位を向上させる野心に燃えていると考えた。そのような野心家を武力によって制圧しようとするのは非常に危険である。彼らは、自分の現在の地位を守るために最後まで命がけで戦うであろう。彼らと和解するためには、少なくとも、本国議会の議員になるという、野心の新しい対象を提示しなければならない。このように考え、スミスは、イギリス議会に、納税額に比例した数の議席を植民地のために用意することを提案した。

統合案の問題点

しかしながら、この提案には、イギリス本国の支配者だけでなく、本国の国民にとっても、克服しがたい困難が含まれていた。

スミスは、アメリカ植民地が、広大な土地と豊富な天然資源を背景に急速な経済発展をとげ、将来、「恐るべき帝国」(formidable empire)になることを予見した。さらに、スミスは、植民地の指導者たちも同じ予見と自負をもっていることを見抜いていた。そのような大帝国の創設者になるかもしれない人びとの目に、イギリス議会の議席が魅力的なものに映るかどうかは疑問であった。

一方、本国の人びとにとって、急速な経済発展をとげるアメリカ植民地を、帝国の正式な属州として統合することは、脅威に感じられるはずであった。なぜなら、アメリカの経済発展とともに、アメリカの納税額も増え、それに比例して、イギリス議会におけるアメリカ代表の議席の数も増えるからである。将来、アメリカの納税額がイギリスの納税額を上回れば、イギリス議会の主導権はアメリカ代表の議員たちに握られるであろう。その結果、何が起こるであろうか。スミスは、統合の後に起こりうることについて、次のように述べる。

アメリカで生まれた人びとは、アメリカが帝国の政治の中心から遠く離れていることは、それほど長く続かないだろうと考えるかもしれないし、その考えには、もっともな理由がある。アメリカにおける富と人口と改良のこれまでの進歩は非常に急速であり、おそらく一世紀もたてば、アメリカの納税額がブリテンの納税額を超えるであろう。そうなれば、帝国の首都は、帝国全体の防衛と維持に最も貢献する地方へと自然に移動することになるであろう。(『国富論』四編七章三節)

スミスは、将来、多数派を構成するアメリカ代表の議員たちによって、帝国の首都がロンドンからアメリカの政治的中心地に移転させられるであろうと考えた。[5] そうなれば、帝国は、「イギリス帝国」という名称を使い続けたとしても、実質は、「アメリカ帝国」となり、イギリスがアメリカ帝国の一属州になるであろう。スミスによれば、アメリカ植民地を統合するのであれば、イギリスの政治家と国民は、このような結末の可能性をあらかじめ覚悟しておかなければならないのであった。このような統合案の実行可能性に関して、スミスは、次のように述べる。

私は、この統合が容易に実現できるとか、実施にあたって、困難を、しかも大きな困難をともなわないとか言うつもりはない。もっとも、私は克服できそうもない困難があるという話をこれまで聞いたことはない。おそらく、主な困難は、事柄の本質からではなく、大西洋をはさむ両岸の人びとの偏見や世論から生ずるのであろう。（『国富論』四編七章三節）

スミスにとって、アメリカ植民地を統合することは、制度的には可能であった。イギリスは、一七〇七年にスコットランドを統合したように、アメリカ植民地を統合すればよいのである。しかしながら、一七七五年の状況は七十年前の状況とは違っていた。植民地の指導者にとって、本国議会の議員になることは、それほど魅力的ではなかった。彼らは、独立によって、より大きな政治的成功を手にするという賭《かけ》にでることができたからである。

一方、本国の指導者にとって、アメリカ人に本国議会の議席を与えることは脅威であった。また、たとえ議席を用意したとしても、反抗的で野心的な植民地の指導者が簡単に統合に応じるとは思えなかった。したがって、本国の指導者にとって最適な戦略は、武力によって植民地を制圧し、代表権を与えることなく植民地を統合することであるように思われた。植民地の指導者は、本国の指導者が、このような戦略をとることを洞察した。彼らは、高慢で虚栄的な本国の指導者が宥和策《ゆうわさく》をとるはずはなく、強硬な手段に訴えてくるにちがいないと思った。したがって、植民地の指導者にとって残された選択は「自由か死」しかないように思われた。[6] このように、平和的な統合は、イギリスの指導者とアメリカの指導者双方の不信と偏見のため、実現することが困難であった。

分離案

スミスが示した、もうひとつの案は、アメリカ植民地を自発的に分離し、独立国として承認することであった。スミスは、次のように述べる。

もし分離案が採用されるのなら、グレート・ブリテンは、平時の植民地防衛の年間経費からただちに解放されるばかりでなく、自由貿易を効果的に保障する通商条約を植民地との間に締結することができるだろう。自由貿易協定は、現在グレート・ブリテンが保有している独占貿易よりも、商人にとっては不利だが、大多数の国民にとっては有利なものでである。このようにして良友と別れることになれば、近年の不和がほとんど消滅させてしまった本国に対する植民地の自然な愛情は急速に復活するだろう。そうなれば、彼らは、分離するときに結んだ通商条約をいつまでも尊重するだろうし、貿易だけでなく戦争においても、われわれを支持し、現在のような不穏で党派的な臣民であるかわりに、最も誠実で好意的で寛容な同盟者になってくれるだろう。こうして、古代ギリシャの植民地と母都市との間に存在したのと同種の、一方の側の親としての愛情と他方の側の子としての尊敬が、グレート・ブリテンとその植民地との間に復活するだろう。(『国富論』四編七章三節)

スミスの分離案を図示するならば、図8-2のようになるであろう。図8-2を、統合案を示す図8-1と比べてみよう。図8-1では、植民地は本国政府に防衛を委託し、それに見合った税を納めることが示されたのに対し、図8-2においては、植民地は、独立国となり、自国政府によって防衛を行なうことが示される。要するに、統合案が、植民地の人びとを本国国民と同様に扱うことを意味するのに対し、分離案は、植民地の人びとを諸外国の人びとと同様に扱うことを意味する。ただし、独立した植民地との間には、自由貿易の通商条約とともに、安全保障条約が結ばれ、集団的自衛体制が確立される。要するに、植民地は本国の同盟国になる。また、統合案においては、植民地貿易に関わる諸規制と諸権益が当分の間は残されるかもしれないのに対し、分離案では、それらは一気に消滅することになる。自然的自由の体系を確立するという視点から見れば、分離案の方が望ましいといえるであろう。しかしながら、これまで植民地貿易に携わってきた人びとの利益と感情を配慮するという立場に立てば、自発的分離案は、急進的で受けいれがたいものといえるであろう。

図8－2　分離案

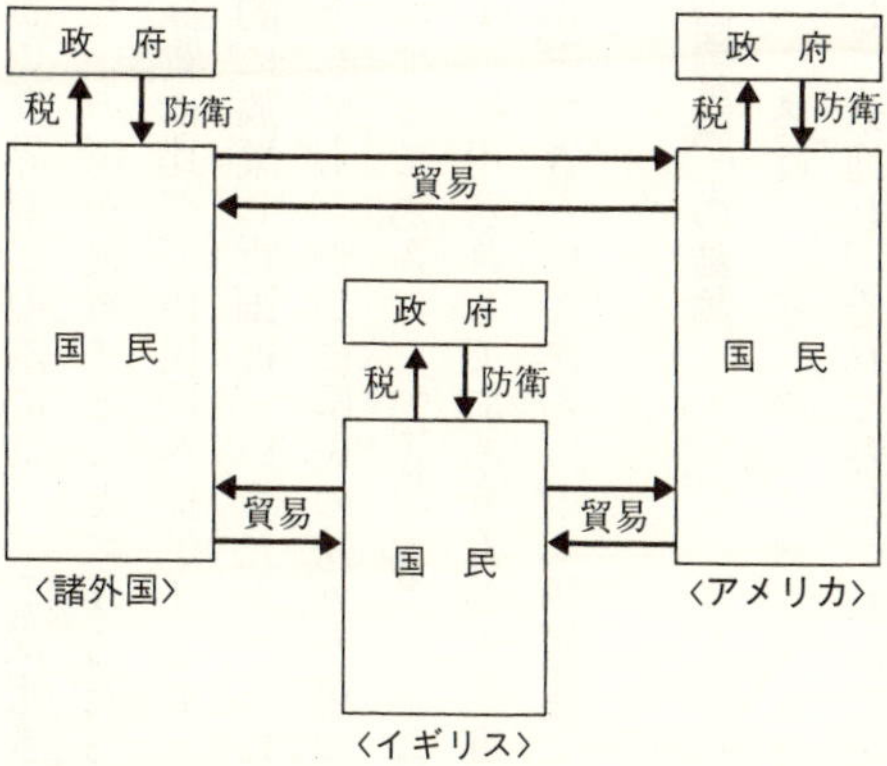

実際、自発的分離案は、独立戦争勃発時点のイギリス議会では、ごく少数の意見でしかなかった。スミスも、この案が、利害関係者だけでなく、イギリスの政治家や国民に容易に受けいれられるものではないことを認めていた。スミスは述べる。

> グレート・ブリテンは自発的に植民地に対するすべての権限を放棄すべきであり、植民地が自分たち自身の為政者を選び、自分たち自身の法律を制定し、自分たちが適切と考えるとおりに和戦を決めるのを放任すべきだと提案することは、これ

まで世界のどの国によっても採用されたことのない、また今後も決して採用されることがない方策を提案することになるだろう。植民地を統治することがどれほど厄介《やっかい》で、必要な経費に比べて植民地が提供する収入がどれほど小さくとも、植民地に対する支配権を自発的に放棄した国は、いまだかつてない。植民地の放棄は、しばしば国民の利益に合致するとしても、つねに国民の誇りを傷つけ、さらに重要なことには、支配階層の私的な利害に反するであろう。［中略］最も夢想的な熱狂家でも、そのような方策を、少なくともいつかは採用されるであろうという、真剣な期待をいくらかでももって提案することは、ほとんどできないであろう。（『国富論』四編七章三節）

『国富論』の結論

スミスは、ペインのように、アメリカ植民地の独立戦争を、市民革命あるいは民主化運動として歓迎し、それに熱狂したわけではなかった。スミスは、この出来事を、イギリス本国とアメリカ植民地の間の関係だけでなく、本国内部と植民地内部の秩序を乱す憂鬱《ゆううつ》な出来事としてとらえていた。

もちろん、そのような憂鬱な出来事を引き起こした責任は、イギリス政府にある。イギリス政府は、植民地貿易の利益を他国に奪われないようにするため、さまざまな規制を設け、その結果、植民地の人びとの不満を募らせてしまった。しかも、実際には、それらの規制は、植民地の人びとを抑圧しただけでなく、本国国民の利益をも損ねたのであった。さらに、政府は、何の利益ももたらさない植民地の防衛に、毎年、莫大な費用をつぎ込んできた。こうして、植民地貿易の独占は、隣国および植民地との関係を悪化させるとともに、イギリスの財政を圧迫し、経済成長を遅らせた。

アメリカ植民地を独占することによって貿易差額（金の保有量）を増加させるというイギリス政府の計画は、幻想でしかなかった。その姿は、アメリカに無尽蔵の金鉱山を探し求めた、かつてのポルトガルやスペインの姿と同じであった。今こそ、イギリスの支配者は、この「黄金の夢」から目覚めなければならない。同じ夢にふける国民からの称賛を求めるのではなく、公平な観察者の立場に立って、称賛に値する行動をとらなければならない。スミスが、『国富論』を締めくくる言葉として提示したのは、次のようなものであった。

ブリテンの支配者たちは、過去一世紀以上の間、大西洋の西側に大きな帝国をもっているという想像で国民を楽しませてきた。しかしながら、この帝国は、これまで、想像の中にしか存在しなかった。これまでのところ、それは帝国ではなく、帝国に関する計画であり、金鉱山ではなく、金鉱山に関する計画であった。それは、何の利益ももたらさないのに巨大な経費がかかってきたし、現在もかかり続けている。また、今までどおりのやり方で追求されるならば、これからもかかりそうな計画である。なぜなら、すでに示したように、植民地貿易の独占の結果は、国民の大多数にとって、利益ではなく、単なる損失だからである。

今こそ、われわれの支配者たちが――そして、おそらく国民も――ふけってきた、この黄金の夢を実現するか、さもなければ、その夢から目覚め、また国民を目覚めさせるよう努めるべきときである。もしこの計画を実現できないのであれば、計画を断念すべきである。もし帝国のどの植民地も帝国全体の財政を支えることに貢献させられないのであれば、今こそ、グレート・ブリテンが、戦時にそれらの領域を防衛する費用、平時にその民事的・軍事的施設を維持する費用から自らを解放し、将来の展望と計画を、自分の身の丈《たけ》に合ったものにするよう努めるべきときである。(『国富論』五編三章)

スミスは、イギリスにとって「今なすべきこと」は、アメリカ植民地を自発的に分離することであると示唆した。しかし、スミスの示唆にもかかわらず、イギリス政府は、その後七年間、アメリカ植民地を武力で制圧しようとし続けた。[7] しかしながら、スミスが予想したとおり、アメリカの指導者たちは命がけで抵抗し、さらに、フランス、スペイン、オランダがアメリカ側について参戦したため、イギリスは、一七八三年、パリ条約を批准《ひじゅん》して、ついにアメリカの独立を承認した。

こうして、開戦時には少数意見でしかなかったスミスの植民地分離案が現実のものとなった。イギリス政府と多くのイギリス国民にとっては、パリ条約は屈辱《くつじょく》でしかなかったであろう。しかし、スミスの考えにしたがえば、今や、イギリスは、自然的自由の体系に向けて大きく一歩前進したのであり、将来の展望と計画を自分の身の丈に合わせる機会を得たのであった。

註

1 アメリカ独立戦争の経緯に関する詳細かつ平明な解説については、たとえば、友清理士『アメリカ独立戦争』(上・下巻、学研M文庫、二〇〇一年)を見よ。

2 タウンゼンドは、一七六三年に、スミスを義理の息子バックルー侯の家庭教師として選んだ人物である。スミスとタウンゼンドは、タウンゼンドが死ぬ一七六七年まで親交があった。特に一七六六年から六七年にかけて、スミスとタウンゼンドは、減債基金――国債を削減するための積立金――について意見を交わした。しかしながら、アメリカ植民地に対するタウンゼンドの課税案が、スミスの助言によるものだという証拠はない。前掲I・S・ロス『アダム・スミス伝』、一六九―

一七〇頁および二五一—二五五頁を見よ。

3　一七七五年の一月、スミスは下院の傍聴席で、さまざまな政治家や軍人の演説や証言を聴いたとされる。前掲『アダム・スミス伝』、二九九—三〇〇頁を見よ。

4　スミスは、イギリスへの統合によって、アメリカ植民地は党派抗争を避けることができると考えた。スミスは述べる。

「[アメリカ植民地は]グレート・ブリテンとの統合によって、幸福と平静の点で多くを得るだろう。それは、少なくとも、小規模の民主主義国と不可分のものである悪意と敵意に満ちた党派抗争から植民地を解放するであろう。この党派抗争は、これまで、しばしば人民の愛情を分断し、形態においては民主的なものに近い政府の平静を乱してきた。この種の統合によって阻止されなければ、グレート・ブリテンからの完全な分離が起こるだろうが、そうなれば、植民地の党派抗争はこれまでの十倍も激しくなるであろう。現在の動乱が始まる前は、本国がつねに強制的な力で、こうした党派抗争が、はなはだしい野蛮と侮辱を超えるほどのものになるのを防いできた。しかし、本国の強制的な力が完全に取り除かれてしまえば、党派抗争は、すぐにも激化して、公然たる暴力と流血へと発展するだろう」(『国富論』五編三章)。

スミスの予言どおり、アメリカは、独立してから党派抗争を激化させ、一八六一年、南北戦争という「公然たる暴力と流血」を引き起こすことになる。

5　ただし、首都移転論を唱えたのはスミスだけではなかった。同様の考え方が、イギリスの経済学者ジョサイア・タッカー(一七一三—九九)やアメリカの政治家ベンジャミン・フランクリン(一七〇六—九〇)によって示された。

6　これは、アメリカの政治家パトリック・ヘンリー（一七三六−九九）が、一七七五年、ヴァージニアの植民地協議会で行なった演説の中で使った言葉である。正確には、「われに自由を与えよ！さもなくば死を与えよ！」である。

7　一七七八年、スミスはシェルバーン卿宛に、アメリカ植民地に関する自分の見解を書いた。残されたメモによれば、スミスは、独立戦争を終結させる次の四つの方法を示した。（一）すべての植民地の完全な服従、（二）すべての植民地の完全な解放、（三）旧体制への復帰、（四）植民地の部分的な解放。第一の方法は統合案を、第二の方法は分離案を、第三の方法は重商主義体系への復帰を意味する。スミスは、第一の方法がイギリス帝国の存続と繁栄にとって最も望ましい方法であると考えたが、アメリカとイギリスの相互不信のため、もはや実現は不可能だと考えた。スミスにとっては、第二の方法も望ましかったが、アメリカ植民地を自発的に手放すことはイギリスの面目を潰すことになるので、イギリス国民にとっては受けいれがたいであろうと論じる。そこで、スミスは、「必然的にしかも気づかないうちにアメリカの全面的な分離に到達するように工夫された、旧体制へのみせかけの復帰」を提案した。つまり第三の方法を装った第二の方法の追求である。しかし、この方法も、イギリスの政治家が、それを遂行するだけの策略、秘密保持、および慎慮をもたないため、実行は困難であろうと書いた。スミスにとって、最悪の結果は、第四の方法によって戦争が終結することであった。この場合、イギリスは一部の植民地を失うとともに、残った植民地に対しては、今までどおり防衛費を負担しなければならず、植民地間の抗争にも関わり続けなければならないからである。このメモについては、E. C. Mossner and I. S. Ross, *The Correspondence of Adam Smith* (Oxford University Press, 1977), pp.377–385を見よ。

終章 スミスの遺産

『道徳感情論』と『国富論』は、社会の秩序と繁栄に関するスミスの思想体系を構成する二つの著作である。『道徳感情論』において、スミスは、人間本性の中に同感――他人の感情を自分の心の中に写しとり、それと同じ感情を自分の中に起こそうとする能力――があることを示し、この能力によって社会の秩序と繁栄が導かれることを示した。『国富論』において、スミスは、このような人間観と社会観に立って、社会の繁栄を促進する二つの一般原理――分業と資本蓄積――を考察した。さらに、スミスは、当時のヨーロッパ諸国が一般原理によって描かれる理想状態から逸脱していると論じ、イギリスが理想状態に近づくために、今何がなされなければならないかを示した。本章では、スミスの思想体系から、私たちは、どのようなメッセージを受け取ることができるかを検討しよう。

社会的存在としての人間

まず、スミスの思想体系は、私たちに人間を社会的存在としてとらえることの重要性を教える。人間が社会的存在であるとは、人間が他人の感情や行為に関心をもち、それらに同感しようとする存在だということである。また、それは、人間が他人から関心をもたれること、同感されることを望む存在だということでもある。社会は、このような人間が言葉や表情や行為を用いて互いに同感し合う場である。社会を通じて、個人は、他の人びとが、どのような場合に、何を、どの程度、喜び、悲しみ、あるいは憤るのかを知る。この経験をもとにして、個人は自分が所属する社会で一般的に通用する「公平な観察者」を心の中に形成し、自分の感情や行為を胸中の公平な観察者が是認するものになるよう努力する。このような個人の性質が、正義の法の土台をなし、社会の秩序を形成する。

社会の繁栄も人間が社会的存在であることによって説明される。人間は他人の歓喜に対しては進んで同感しようとするが、悲哀に対しては同感することを躊躇《ちゅうちょ》する。そして、富や高い地位は、見る者に歓喜をイメージさせ、貧困や低い地位は悲哀をイメージさせる。人間は、他人から関心をもたれ、同感されることを望む存在であるので、見る者に歓喜をイメージさせる富や高い地位を求め、悲哀をイメージさせる貧困や低い地位を避けようとする。ここに、財産形成の野心の起源がある。諸個人における財産形成の野心によって、市場は拡大し、資本は増大し、その結果、社会が繁栄する。

さらに、社会の秩序や繁栄が妨げられるのも、人間が社会的存在であるためだといえる。『道徳感情論』においてスミスが描いた人間像は、「賢明さ」と「弱さ」の両方をもつ人間であった。「賢明さ」とは胸中の公平な観察者の判断にしたがって行動することであり、「弱さ」とは胸中の公平な観察者の判断よりも自分の利害、あるいは世間の評判を優先させて行動することである。「賢明さ」は社会秩序の基礎をなす。一方、「弱さ」は社会の繁栄を導く原動力になるのであるが、そのためには、それが「賢明さ」によって制御されなければならない。つまり、財産形成の野心や競争は正義感によって制御されなければならない。制御されない野心や競争は社会の秩序を乱し、結果として、社会の繁栄を妨げることになる。注意すべき点は、財産や地位への野心が正義感を失うほど強まるのは、財産や地位に与えられる世間の称賛と尊敬が、人間にとって、それほど魅力的だからだということである。人間は、他人の目を意識することによって、無人島で一人で暮らしていたならばもたなかったような強い野心をもつのである。人間が社会的存在であるということは、人間の「賢明さ」の原因であるとともに、「弱さ」の原因でもあるのだ。

このように、スミスの思想体系では、人間が社会的存在であるという仮定の上に、社会の秩序と繁栄がどのように促進されるか、あるいは妨げられるかが説明される。たしかにスミスは、『国富論』において、個人の利己心にもとづいた経済行動が社会全体の利益をもたらすと論じた。しかしながら、そこで想定される個人は、社会から切り離された孤立的存在ではなく、他人に同感し、他人から同感されることを求める社会的存在としての個人なのである。社会的存在としての個人が、胸中の公平な観察者の是認という制約条件のもとで、自分の経済的利益を最大にするように行動する。これが、スミスが仮定する個人の経済行動なのである。

人と人をつなぐ富

次に、私たちがスミスの思想体系から学ぶことができるのは、市場社会における富の機能についてである。いうまでもなく、富の主要な機能は、人間を生存させ、繁殖させ、その生活を便利で安楽なものにすることである。しかしながら、スミスは、富の中に、それ以上の機能を見出していた。それは、人と人をつなぐという機能である。

スミスにとって、市場は富を媒介にして見知らぬ者どうしが世話を交換する場であった。人間は市場を通じて、自分に特別な愛情をもっている人以外の人からも世話を受けることができる。市場における交換は、相互の同感にもとづいて成立する。取引を行なう人は、取引相手の物を強奪したり相手をだましたりしたときに取引相手が引き起こす憤慨を想像する。そして、自分は、そのような憤慨の対象にはなりたくはないと思うと同時に、相手も同じように思っているであろうと考える。すべての取引主体が、このように考えることによって不正のない交換が成立する。同感という能力を用いて、見知らぬ者どうしが富（＝世話）を交換する社会、これが市場社会なのである。見方を変えれば、市場社会における富は、人と人をつなぐ媒介としての機能を果たすといえる。

また、経済成長とは、富が増大することだけでなく、富んだ人と貧しい人の間につながりができることを意味する。富んだ人が自分の富を自分だけで消費するのであれば、あるいは自分の家の中にしまい込むのであれば、富んだ人と貧しい人とのつながりは何もない。しかしながら、富んだ人は、より大きな財産を形成しようという野心から、自分の富を農業、製造業、商業などの産業に投資する。それによって、経済が成長するとともに、労働需要が増大し、貧しい人に仕事が与えられる。貧しい人は、賃金という形で富を手に入れ、平静な生活を送ることができる。経済成長の真の目的は、ここにある。一方、富んだ人は、投資活動によって、より大きな富を獲得する。このように、富んだ人は貧しい人を助けようという意図をもたないにもかかわらず、また、貧しい人は富んだ人の野心を満たそうという意図をもたないにもかかわらず、両者は富を媒介としてつなげられるのである。

さらに、貿易は、外国の人びと、言語や文化や慣習が異なるために同感することが困難である人びととの交流を深め、相互依存関係を強める。私たちは、貿易を通じて、外国の人びとの言語、文化、慣習を理解し、その結果、国民的偏見を弱めることができる。『国富論』の原語タイトルは、Wealth of a Nation、または Wealth of the Nation ではなく、Wealth of Nations と、最後が複数形になっている。『国富論』は、一国民または特定国民の豊かさではなく、諸国民の豊かさを探究する書物なのである。そして、グロティウスの law of nations が諸国民をつなぐ「万民の法」を意味するように、スミスの wealth of nations は、諸国民をつなぐ「万民の富」を意味すると理解されるべきである。

以上のように、富は、市場によって国内の人間をつなぎ、成長によって富んだ人と貧しい人をつなぎ、さらには、貿易によって異なった国の人びとをつなぐ。市場、成長、貿易は、人と人をつなぐという富の機能の、それぞれ異なった局面を表す。いうまでもなく、富がこのような機能をもちうるのは、人間が社会的存在だからである。

自由で公正な市場経済の構築

第三に、スミスの思想体系から学ぶことができるのは、富の機能、つまり人と人をつなぐ富の機能を十分生かすことができる経済システムを構築することが望ましいということである。スミスにとって、それは自由で公正な市場経済のシステムであった。健全な市場経済は、国内市場を拡大し、経済成長を最大にし、貿易を促進する。そして、その結果、人と人とのつながりを拡げ、すべての人を富ませることができる。

スミスの時代のヨーロッパ諸国の経済は、特権商人や大製造業者をはじめとした市場参加者の独占と不正のために、富の機能を十分に生かすものにはなっていなかった。スミスは、そのような歪んだ経済システムを「重商主義の体系」と呼び、それを厳しく批判した。スミスは、自由で公正な市場経済が自然に構築されるとはかぎらないことを歴史的事実として目にしていたといえる。おそらく、スミスは、参加者の独占や不正を防ぐために、市場は、ある程度、政府によって監視され、法によって規制されなくてはならないことを認めていたであろう。

しかしながら、スミスは、この点を強く主張しなかった。なぜなら、スミスは、政府がすべての市場、すべての取引を監視することは不可能であると考えていたからであり、さらに、政府自身が道徳的に腐敗する可能性があることを見過ごさなかったからである。実際、重商主義の体系は、特権商人や大製造業者などの市場参加者だけではなく、彼らに言いくるめられ、彼らと癒着《ゆちゃく》した政治家や官僚によっても腐敗させられた経済システムであった。政治家や官僚は、癒着から得られる私的な利益のためだけでなく、他国に対する自国の経済的・軍事的優位を確立するという政治的野心から、さまざまな規制を産業と貿易に設けた。その結果、国内の市場は歪められ、経済成長は妨げられ、貿易は国際紛争の原因になった。

市場は、参加者の独占や不正を防ぐために、公的機関による監視と法による規制を、ある程度、受けなければならない。だが、公的機関は十分な監視と適切な規制を行なうことができないかもしれないし、公的機関自体が道徳的に腐敗する可能性もある。したがって、自由で公正な市場経済は、公的機関という外部の公平な観察者によってよりも、むしろ市場参加者ひとりひとりの内部の公平な観察者によって監視され規制されることが望ましいといえる。自由で公正な市場経済が構築されうるか否かは、その社会を構成する諸個人が、どの程度、胸中の公平な観察者の声に耳を傾ける諸個人であるか、言いかえれば、その社会が、どの程度、道徳的に成熟した社会であるかということにかかっている。

今なすべきことと、そうでないことを見分けること

最後に、スミスは、私たちが現実問題に対応するとき、今なすべきことと、そうでないことを見分けることが重要であることを教える。スミスは、自由で公正な市場社会を理想として掲げた。そして現実のヨーロッパが、理想からほど遠いことも認識していた。スミスは、貿易や国内産業に課されている諸規制は廃止されるべきだと考えた。しかしながら、スミス

は、それらを今すぐ廃止することには反対した。その理由は、諸規制の急激な廃止は、規制によって守られている人びとの生活を脅かし、場合によっては、莫大な損害を与えることになるからである。多くの人びとに、社会から裏切られたと感じさせることは、社会秩序の混乱につながりかねない。社会秩序は人びとの感情に基礎を置くものだからである。

スミスにとって、諸規制のもとで既得権益を享受している人びと以上に危険なのは、人びとの感情を考慮することなく自分が信じる理想の体系に向かって急激な社会改革を進めようとする人――「体系の人」――であった。規制緩和は、人びとの感情を考慮して、ゆっくりと、時間をかけて進められなければならない。スミスにとって、諸規制の撤廃は「今なすべきこと」ではなかった。

一方、イギリスには、正しい判断を、今すぐに与えなければならない差し迫った問題があった。それは、アメリカ植民地問題であった。スミスにとって、植民地貿易の独占によって金の保有量を増加させ、国力を高めるというイギリスの計画は幻想でしかなかった。その姿は、アメリカ大陸に金鉱山を探し求めた、かつてのポルトガルやスペインの姿と同じであった。アメリカ植民地が独立戦争を起こした今こそ、イギリスは、この「黄金の夢」から目覚めなければならない。イギリスが「今なすべきこと」は、アメリカ植民地を自発的に分離することであった。

スミスは、分離の提案を『国富論』を締めくくる言葉とした。スミスの提案は、『国富論』の初版が出された一七七六年には少数意見でしかなかったが、七年後、イギリスはスミスの言葉どおりのことをしなければならなくなった。しかし、それは絶望すべき出来事ではなかった。今や、アメリカの人びとだけでなく、イギリスの国民も、自由で公正な市場社会に向かって大きく前進できるのだ。スミスは、アメリカが独立した後に出された『国富論』の改訂版においても、アメリカ植民地の分離を促す言葉を削除しなかった。その言葉は、失意の中にあるイギリス国民にスミスから送られた希望のメッセージであった。

このように、スミスは、イギリスがとるべき政策に関して、一方では、非常に慎重な態度をとりながら、他方ではきわめて大胆な提案を行なった。スミスにとって、政策を立案する際に、最も重要なことは、今なすべきことと、そうでないことを見分けることであった。今が動くべきときかそうでないときかを見分けることであった。スミスの判断力の基礎にあるのは、この種の判断力をもつ人物であったように思われる。そして、スミス自身は、人類の歴史に関する豊富な知識と、その知識を通じて獲得された人間への深い理解にあったのではないかと思われる。

スミスの遺産

以上のメッセージによって形成されるスミスのイメージは、従来のイメージ、すなわち、規制を撤廃し、利己心にもとづいた競争を促進することによって、高い成長率を実現し、豊かで強い国を作るべきだと主張するスミスのイメージとは異なったものだといえるだろう。

序章で示したように、スミスが生きた時代は光と闇が交錯する時代であった。経済の発展、技術の革新、知識の進歩と普及という文明の光があふれる一方、その光は、格差と貧困、戦争と財政難という闇によって弱められていた。その中で、スミスは光に熱狂することなく、また、闇に絶望することなく、冷静に現実に取り組んだ。しかし、スミスの冷静な態度の背後には、人類の存続と繁栄を願う強い情熱が感じられる。スミスは、到達すべき理想を示しながら、今できることと、そうでないことを見きわめ、今できることの中に真の希望を見出そうとした。『国富論』が不朽《ふきゅう》の名声を得ることができたのは、多くの読者が、そこに市場経済に関する斬新《ざんしん》な理論を見出しただけではなく、スミスのバランスのとれた情熱と冷静さを感じとり、それに同感したためであろう。

このようなスミスの姿勢の根底には、人間にとって最も重要なのは心の平静を保つことであるという信念があるように思われる。スミスは、時とともにこの信念を強めていき、『道徳感情論』の第六版につけ加えた文章――スミスが死の前年に書いたとされる文章――において次のような境地に到達した。長い文章であるが引用しよう。

人間本性の仕組みからいって、苦悩は決して永遠のものではありえない。もし人が苦悩の発作に耐えて生き続けるならば、彼はまもなく、何の努力もなしに通常の平静さを享受するようになる。木の義足をつけた人は、疑いもなく苦しむし、自分が生涯、非常に大きな不便を被り続けなければならないことを予見する。しかしながら、彼はまもなく、その不便を公平な観察者たちがそれを見るのとまったく同じように見るようになる。すなわち、彼は、そのような不便を背負っても、一人でいるときに得られる普通の喜び、そして仲間といるときに得られる普通の喜びを、ともに享受できると考えるようになる。彼は、まもなく自分自身を胸中の理想的な観察者と同一視し、彼自身が自分の境遇についての公平な観察者になる。弱い人がはじめのうちはそうすることがあるのと違って、彼は、もはや泣かないし、嘆かないし、悲嘆にくれない。公平な観察者の見方が完全に習慣的なものとなるため、彼は、何の努力もなしに、自分の悲運を、公平な観察者以外の見方で見ようとはしなくなるのである。

すべての人は、永続的な境遇となるものに対して、遅かれ早かれ、確実に自分を適応させる。このことから、われわれは、次のように考えてよいであろう。すなわち、ストア派の哲学者は少なくともこのかぎりでは、ほとんど正しかったということである。つまり、ひとつの永続的境遇と他の永続的境遇との間には、真の幸福にとっては本質的な違いは何もないということである。もし、そこに何かの違いがあるとしても、その違いは、永続的境遇のうちのあるものを単純に選択させるにすぎない違いであり、それを熱心に追い求めさせるような違いではない。また、その違いは、永続的境遇のうちの他のものを、回避するのがふさわしいものとして、単純に放棄させるにすぎない違いであり、それらを必死に忌避させるような違いではない。

幸福は平静と享楽にある。平静なしには享楽はありえないし、完全な平静があるところでは、どんなものごとでも、ほとんどの場合、それを楽しむことができる。あらゆる永続的境遇において、それを変える見込みがない場合、人間の心は、長時間かかるにせよ、短時間しかかからないにせよ、自然で普通の平静な状態に戻る。人間の心は、繁栄の中にあっては、一定の時間の後に平静な状態に落ち着くし、逆境にあっても、一定の時間の後に平静な状態に回復する。〔中略〕

人間生活の不幸と混乱の大きな原因は、ひとつの永続的境遇と他の永続的境遇の違いを過大評価することから生じるように思われる。貪欲は貧困と富裕の違いを、野心は私的な地位と公的な地位の違いを、虚栄は無名と広範な名声の違いを過大評価する。それらの過度な情念のうちのどれかの影響下にある人は、個人の状態として不幸であるだけでなく、しばしば、彼がそのように愚かにも感嘆する境遇に到達するために社会の平和を乱そうとする。彼は、ほんの少しでもまわりを観察すれば、健全な心の持ち主が、人間生活の通常の境遇のすべてにおいて、等しく冷静で、等しく快活で、等しく満足していることを確信したはずである。たしかに、それらの境遇のうちのあるものは他のものよりも好まれるに値するかもしれない。しかし、それらのうちのどれも、慎慮または正義の諸規則の蹂躙《じゅうりん》にわれわれを駆り立てる情熱的な欲望をもって追求されるに値するものではない。あるいは、自分の愚行を思い出すことからくる恥辱によってであれ、自分の不正に対する恐怖からくる悔恨《かいこん》によってであれ、将来の心の平静を乱すようにわれわれを駆り立てる情熱的な欲望をもって追求されるに値するものでもない。慎慮が指図《さしず》しないのに、そして正義が許容しないのに、自分の境遇を変えようと企てる人は、あらゆる危険な賭の中でも最も引き合わない賭をするのである。その人は、ほとんど何も得られないのに、あらゆるものを賭けるのである。

エピルスの王の寵臣《ちょうしん》が王に言ったことは、人間生活の普通の境遇にあるすべての人びとにあてはまるだろう。王は、その寵臣に対して、自分が行なおうと企てていたすべての征服を順序だてて話した。王が最後の征服計画について話し終えたとき、寵臣は言った。「ところで、そのあと陛下は何をなさいますか」。王は言った。「それから私がしたいと思うのは、私の友人たちとともに楽しみ、一本の酒で楽しく語り合うということだ」。寵臣はたずねた。「陛下が今そうなさることを、何が妨げているのでしょうか」。

空想の中の最も輝かしく最も高貴な境遇において、われわれが真の幸福を引き出しうると期待する快楽は、現実のつつましい境遇において、われわれがいつも手近にもっていて自由になる快楽と、ほとんどの場合、同じなのである。虚栄と優越感というつまらぬ快楽を除けば、最も高い地位が提供するあらゆる快楽は、最もつつましい地位においてさえ、人身の自由さえあれば、見つけることができるものである。そして虚栄と優越感の快楽は、真実で満足のゆく享楽の原理であり基礎である完全な平静さと、めったに両立しない。真実で満足のゆく快楽は、われわれが憧れる輝かしい境遇においては、われわれが熱心に捨て去ろうとする現実のつつましい境遇においてと同じ確実さをもって獲得されるとはかぎらないのである。

歴史の記録を検討し、あなた自身の経験の範囲内で何が起こったかを思い出してみるがいい。そして、あなたが読んだか聞いたことがある、あるいは覚えている、公私いずれかの生活で非常に不幸な結末を迎えた人びとの行動が、いかなるものであったかを注意深く考察するといい。そうすると、あなたは、圧倒的大部分の人びとの不幸は、いつ彼らがよい状態にあったのか、いつ彼らが静坐し満足しているべきであったかを、彼らが知らなか

ったことから生じたものだということを知るだろう。（『道徳感情論』三部三章）

スミスは、真の幸福は心が平静であることだと信じた。そして、人間が真の幸福を得るためには、それほど多くのものを必要としないと考えた。エピルスの王の逸話が示すように、たいていの人にとって、真の幸福を得るための手段は、手近に用意されているのだ。与えられた仕事や義務、家族との生活、友人との語らい、親戚や近所の人びととのつきあい、適度な趣味や娯楽。これら手近にあるものを大切にし、それらに満足することによって、私たちは十分幸せな生活を送ることができる。また、木の義足をつけた人の話が示すように、たとえ人生の中で何か大きな不運に見舞われたとしても、私たちには、やがて心の平静を取り戻し、再び普通に生活していくだけの強さが与えられている。

多くの人間が陥る本当の不幸は、真の幸福を実現するための手段が手近にあることを忘れ、遠くにある富や地位や名誉に心を奪われ、静坐し満足しているべきときに動くことにある。そのような時宜を得ない行動は、本人を不幸にするだけでなく、時として社会の平和を乱すことがある。富や地位や名誉は求められてもよい。そして、個人がそれらを求めることによって社会は繁栄する。しかし、富や地位や名誉は、手近にある幸福の手段を犠牲にしてまで追求される価値はない。私たちは、社会的成功の大志を抱きつつも、自分の心の平静にとって本当は何があれば足りるのかを心の奥底で知っていなければならない。

諸個人の間に配分される幸運と不運は、人間の力の及ぶ事柄ではない。私たちは、受けるに値しない幸運と受けるに値しない不運を受け取るしかない存在なのだ。そうであるならば、私たちは、幸運の中で傲慢になることなく、また不運の中で絶望することなく、自分を平静な状態に引き戻してくれる強さが自分の中にあることを信じて生きていかなければならない。私は、スミスが到達したこのような境地こそ、現代の私たちひとりひとりに遺《のこ》された最も貴重な財産であると思う。

序章の冒頭の引用文において、ディケンズは、一七七五年の世相は、彼自身の時代、つまり一八五九年の世相に似ていると述べている。一八五九年といえば、イギリスが世界の工場としての地位を確立し、またインド洋を中心とした第二帝国を建設しようとしていた時代である。変化し続ける文明社会の人間は、いつの時代も、不安定な世相にさらされる運命にあるのかもしれない。そのような世相の中で、熱狂も絶望もせず、冷静な姿勢で真の希望を見出そうとしたスミスの著作は、現代に生きる私たちにとって、大いなる遺産であるといえるだろう。

あとがき

本書が生まれるきっかけは、二〇〇三年の三月、博士課程の大学院生である川井充氏が『道徳感情論』を借りに私の研究室を訪ねてきたことであった。川井氏は大手の生命保険会社の役員を定年退職後、大阪大学の大学院経済学研究科に入学し、「紡績王」として名高い武藤山治《むとうさんじ》の経営思想および社会思想に関する研究を進めていた。氏は、武藤の思想にはスミスの思想が影響しているのではないかと考えて、『道徳感情論』を独力で読むことにしたという。川井氏から『道徳感情論』をやさしく解説している本はないかとたずねられたが、私には思い当たる本はなかった。

当時、私は、ジョン・ロールズ（一九二一―二〇〇二）の正義論やアマルティア・セン（一九三三―）の経済倫理学などから影響を受けて、功利主義（最大多数の最大幸福原理）とは異なる経済学の思想的基礎を探究することに関心をもっていた。同時に、このような観点から、スミスの経済学の思想的基礎について一度は徹底的に研究してみたいと思っていた。ちょうど翌年度の大学院の授業で使う教材について思案していたところだったので、私は『道徳感情論』を輪読することにした。

それ以来、毎年、大学院の授業において、『国富論』、『法学講義』、『修辞学・文学講義』、『哲学論文集』などのスミスの一次文献、およびスミスに関する最近の二次文献を教材として使った。授業には経済学史や経済思想を専攻する院生だけでなく、経済史や経済理論、計量経済学を専攻する院生も参加した。私はスミスの文章をわかりやすく解説するとともに、文章の背後にある時代背景についても説明する一方、スミスの見解のどこに現代にも通用する示唆があるかは、できるだけ院生自身に考えさせるようにした。四年にわたるスミスとの格闘の中で、自分の解釈を一冊の書物としてまとめる構想が生まれた。

この構想が固まりつつあった二〇〇六年の十二月、西條辰義氏（大阪大学社会経済研究所教授）からお誘いを受け、「脳を活かす」研究会の「脳を読む」分科会研究会に参加し、「経済と倫理――アダム・スミスの人間観」というテーマで講演させていただいた。研究会には多くの脳科学者が参加していたが、彼らは、スミスの「同感」や「公平な観察者」の概念に驚いているようであった。これらの概念は、現代の脳科学におけるミラーニューロン（他人の行動を自分の行動のように感じ取らせる神経細胞）やセオリー・オブ・マインド（他人の行動から、その人の心を推測する能力）の分野に関連しており、スミスの『道徳感情論』は、脳科学にとって興味深いアイデアを提供してくれるのではないかということであった。

二〇〇七年の一月、『日本経済新聞』の「やさしい経済学――名著と現代」に八回にわたってスミスに関する記事を連載したところ、多くの感想や意見が寄せられた。その後、日本経済研究センター主催のセミナーで「市場と成長――アダム・スミスに学ぶ」を報告した。セミナーでは、実業界を中心とした参加者から、今後の日本が進むべき方向性との関連で、さまざまな質問や意見が出された。

二〇〇七年の十二月に筒井義郎氏（大阪大学社会経済研究所教授）を会長として行動経済学会が立ち上げられた。筒井氏からのお誘いで、私も学会の発起人の一人に加わらせていただいた。行動経済学は、これまでの経済学における仮定、すなわち狭い意味での合理性の仮定を見直し、実験的手法やアンケート調査を通じて実際の人間行動に関する仮定を打ち立てようとする新しい分野である。それは、経験と観察を通じて行動仮説を立てる点で、そして人間を社会的存在としてとらえ、感情や慣習の影響を重視する点で、スミスの方法や考え方に近いといえる。

このように、本書は、経済学史や経済思想の専門家だけでなく、大学院生、脳科学者、実業家、行動経済学者など、多様な人びととの交流の中で生まれた。本書の作成を通じて、これらの人びととのつながりができたといってもよい。

私は、本書の作成を支援してくれたすべての人に感謝を捧げたい。とりわけ、構想をもちはじめた頃、大学院の授業で有益な意見を述べてくれた、川井充、藤澤千栄子、中井大介、小堀聡、高見典和、松岡孝恭、米倉富美の諸氏に感謝する。私の構想を知り、脳科学者との交流の場へと私を導いてくれた西條辰義氏、行動経済学会への参加を促してくれた筒井義郎氏、歴史的記述に対して有益なコメントをくれた神田さやこ氏（大阪大学経済学研究科専任講師）、「やさしい経済学」の連載にあたって、ジャーナリストの視点からアドバイスを与えてくれた日本経済新聞社の道善敏則氏と館道彦氏、そして、本書の構想を知り、さまざまな形で出版を支援してくれた猪木武徳氏（国際日本文化研究センター教授）にも感謝したい。最後に、中央公論新社の吉田大作氏に感謝を捧げたい。堅苦しくなりがちな私の文章を、少しでも読みやすいものになるよう、一般読者の視点から導いてくれたのは吉田氏である。

本書が、読者ひとりひとりに小さくても何かの示唆を与えることができれば幸いである。

二〇〇八年一月

堂目卓生

マ　行

ヤ・ラ・ワ行

タ　行

サ　行

索　引

ア　行

カ　行

堂目卓生（どうめ・たくお）

1959（昭和34）年，岐阜県生まれ．慶應義塾大学経済学部卒業，京都大学大学院経済学研究科博士課程修了．経済学博士（京都大学）．立命館大学助教授，大阪大学助教授を経て，現在，大阪大学大学院経済学研究科教授．本書により，第30回サントリー学芸賞（政治・経済部門）を受賞．

著書『古典経済学の模型分析』（有斐閣，1992年）
History of Economic Theory:A Critical Introduction（Edward Elgar，1994年）
The Political Economy of Public Finance in Britain 1767-1873（Routledge，2004年，日経・経済図書文化賞受賞）
『経済学――名著と現代』（共著，日本経済新聞出版社，2007年）
訳書『リカードの経済学』（『森嶋通夫著作集６』，共訳，岩波書店，2003年）

アダム・スミス
中公新書 *1936*

2008年３月25日初版
2024年５月30日17版

著　者　堂目卓生
発行者　安部順一

本文印刷　三晃印刷
カバー印刷　大熊整美堂
製　　本　小泉製本

発行所　中央公論新社
〒100-8152
東京都千代田区大手町 1-7-1
電話　販売 03-5299-1730
　　　編集 03-5299-1830
URL https://www.chuko.co.jp/

Published by CHUOKORON-SHINSHA, INC.
Printed in Japan　ISBN978-4-12-101936-3 C1233

中公新書刊行のことば

いまからちょうど五世紀まえ、グーテンベルクが近代印刷術を発明したとき、書物の大量生産は潜在的可能性を獲得し、いまからちょうど一世紀まえ、世界のおもな文明国で義務教育制度が採用されたとき、書物の大量需要の潜在性が形成された。この二つの潜在性がはげしく現実化したのが現代である。

いまや、書物によって視野を拡大し、変りゆく世界に豊かに対応しようとする強い要求を私たちは抑えることができない。この要求にこたえる義務を、今日の書物は背負っている。だが、その義務は、たんに専門的知識の通俗化をはかることによって果たされるものでもなく、通俗的好奇心にうったえて、いたずらに発行部数の巨大さを誇ることによって果たされるものでもない。現代を真摯に生きようとする読者に、真に知るに価いする知識だけを選びだして提供すること、これが中公新書の最大の目標である。

私たちは、知識として錯覚しているものによってしばしば動かされ、裏切られる。私たちは、作為によってあたえられた知識のうえに生きることがあまりに多く、ゆるぎない事実を通して思索することがあまりにすくない。中公新書が、その一貫した特色として自らに課すものは、この事実のみの持つ無条件の説得力を発揮させることである。現代にあらたな意味を投げかけるべく待機している過去の歴史的事実もまた、中公新書によって数多く発掘されるであろう。

中公新書は、現代を自らの眼で見つめようとする、逞しい知的な読者の活力となることを欲している。

一九六二年一一月

中公新書

経済・経営

g1

- 2000 戦後世界経済史 猪木武徳
- 2185 経済学に何ができるか 猪木武徳
- 2659 経済社会の学び方 猪木武徳
- 1936 アダム・スミス 堂目卓生
- 2679 資本主義の方程式 小野善康
- 2307 ベーシック・インカム 原田 泰
- 2786 日本の経済政策 小林慶一郎
- 2388 人口と日本経済 吉川 洋
- 2338 財務省と政治 清水真人
- 2541 平成金融史 西野智彦
- 2784 財政・金融政策の転換点 飯田泰之
- 2041 行動経済学 依田高典
- 2501 現代経済学 瀧澤弘和
- 1658 戦略的思考の技術 梶井厚志
- 1824 経済学的思考のセンス 大竹文雄

- 2045 競争と公平感 大竹文雄
- 2447 競争社会の歩き方 大竹文雄
- 2724 行動経済学の処方箋 大竹文雄
- 2575 移民の経済学 友原章典
- 2473 人口減少時代の都市 諸富 徹
- 2751 入門 環境経済学（新版） 日引 聡 有村俊秀
- 2743 入門 開発経済学 山形辰史
- 2571 アジア経済とは何か 後藤健太
- 2506 中国経済講義 梶谷 懐
- 2770 インド―グローバル・サウスの超大国 近藤正規
- 2420 フィリピン―急成長する若き「大国」 井出穣治
- 290 ルワンダ中央銀行総裁日記（増補版） 服部正也
- 2612 デジタル化する新興国 伊藤亜聖
- 2802 日本の財政―破綻回避への5つの提言 佐藤主光

中公新書

経済・経営

g2

哲学・思想

a1

- 1 日本の名著（改版） 桑原武夫編
- 2187 物語 哲学の歴史 伊藤邦武
- 2378 保守主義とは何か 宇野重規
- 2522 リバタリアニズム 渡辺 靖
- 2591 白人ナショナリズム 渡辺 靖
- 2288 フランクフルト学派 細見和之
- 2799 戦後フランス思想 伊藤 直
- 2300 フランス現代思想史 岡本裕一朗
- 832 外国人による日本論の名著 佐伯彰一・芳賀 徹編
- 1696 日本文化論の系譜 大久保喬樹
- 2097 江戸の思想史 田尻祐一郎
- 2276 本居宣長 田中康二
- 2458 折口信夫 植村和秀
- 2686 中国哲学史 中島隆博
- 1989 諸子百家 湯浅邦弘
- 36 荘 子 福永光司
- 1695 韓非子 冨谷 至
- 2042 菜根譚 湯浅邦弘
- 2220 言語学の教室 西村義樹・野矢茂樹
- 1862 入門！論理学 野矢茂樹
- 448 詭弁論理学（改版） 野崎昭弘
- 2757 J・S・ミル 関口正司
- 1939 ニーチェ ツァラトゥストラの謎 村井則夫
- 2594 マックス・ウェーバー 野口雅弘
- 2597 カール・シュミット 蔭山 宏
- 2257 ハンナ・アーレント 矢野久美子
- 2339 ロラン・バルト 石川美子
- 2674 ジョン・ロールズ 齋藤純一・田中将人
- 674 時間と自己 木村 敏
- 2495 幸福とは何か 長谷川 宏
- 2505 正義とは何か 神島裕子

中公新書

宗教・倫理

b1

2293 教養としての宗教入門　中村圭志
2459 聖書、コーラン、仏典　中村圭志
2668 宗教図像学入門　中村圭志
2158 神道とは何か　伊藤　聡
1130 仏教とは何か　山折哲雄
2135 仏教、本当の教え　植木雅俊
2616 法華経とは何か　植木雅俊
2765 浄土思想　岩田文昭
2416 浄土真宗とは何か　小山聡子
2365 禅の教室　藤田一照　伊藤比呂美
134 地獄の思想　梅原　猛
989 儒教とは何か（増補版）　加地伸行
1707 ヒンドゥー教―インドの聖と俗　森本達雄
2076 アメリカと宗教　堀内一史
2360 キリスト教と戦争　石川明人
2746 統一教会　櫻井義秀
2642 宗教と過激思想　藤原聖子
2453 イスラームの歴史　K・アームストロング　小林朋則訳
2639 宗教と日本人　岡本亮輔
2306 聖地巡礼　岡本亮輔
2310 山岳信仰　鈴木正崇
2499 仏像と日本人　碧海寿広
2598 倫理学入門　品川哲彦